MARCADO POR
ECUADOR

MARCADO POR
ECUADOR

MIKE KRABAL

ISBN 978-0-9975800-4-4

Gracias

A los que me acogieron en un país extranjero, gracias por mantenerme a salvo y permitirme regresar a casa con historias. Muchas gracias por compartir sus hogares, alimentarme y ayudarme a crecer como persona. Ahora sé que la hospitalidad es infinita.

Contenido

Introducción

Estoy tan preparado para dejar las colinas de Virginia Occidental para ir a un país sudamericano como lo estoy para comandar una misión a Marte. Después de algunos años trabajando con latinos en pizzerías, aprendí algunas malas palabras en español. Hace mucho tiempo, en mi clase de español de la preparatoria, aprendí a contar hasta 10. Como un hombre inestable de treinta y cinco años, tenía poco más que ofrecer a los ecuatorianos que un turista con un par de ojos azul marino entrecerrados.

Aun así me fui a Ecuador. Eso se ha convertido en mi estilo: abandonar la carrera de ratas, escuchar a mi corazón y subir a la alfombra mágica para dar un paseo nacido del azar e impulsado por la curiosidad. Cinco años antes, había pasado cuatro meses recorriendo los Estados Unidos en mi motocicleta. Ese viaje se inspiró en un encuentro casual con una mujer de ochenta y un años que me dijo que debería salir más a menudo. Fue una aventura lo suficientemente grande como para darme el coraje para hacer algo similar más adelante en la vida. Pero no sabía cuándo, o si esa inspiración volvería a aparecer.

Sin embargo, así fue. Y casi de la misma forma. El azar volvió a entrar en mi vida. Me puso dos manos invisibles en los hombros, me miró a los ojos y dijo: "Mike, estás en problemas. Estás a punto de conocer a otra mujer con muchos años de sabiduría. Ella cambiará tu vida. La última te convirtió en escritor. Esta te convertirá en un extranjero".

En el verano de 2015, conocí a una motociclista de sesenta y ocho años en una heladería. Su nombre era Emily. Entre nosotros surgió una profunda amistad basada en nuestro amor por las aventuras en motocicleta. Por medio de Emily, me hice también amigo de Alice, su hermana, igualmente de fascinante. Emily me comentó que Alice también era escritora, que hablaba cuatro idiomas con fluidez y había vivido en varios países. Alice también tenía conocimiento de diálogo de voz, un tipo de terapia que podría beneficiarme, según Emily. Después de algunos almuerzos, Emily intuyó que yo era como una trampa pegajosa de problemas personales. Creía que su hermana podría ayudarme. El problema era que Alice vivía la mayor parte del año 5,000 kilómetros al sur de Virginia Occidental, en Ecuador. Pasarían muchos meses antes de que pudiera conocerla.

Cuando se dio la oportunidad, Alice viajó a Estados Unidos para rehabilitar una propiedad que tenía en mi condado. Necesitaba repararla y remodelarla para poder venderla. Emily negoció un trato entre Alice y yo en el que yo intercambiaría trabajo por sesiones de diálogo de voz.

Alice y yo nos conocimos cuando fui a trabajar en su propiedad por primera vez. Estacioné en el camino de grava y miré a través del parabrisas de mi camioneta. Si un corazón pudiera gemir, el mío lo habría hecho. El lugar parecía repugnante. Sabía poco de su historia y no tenía interés en comprometerme con la restauración de un edificio en tal estado. Mi paciencia se acabó incluso antes de haberme bajado de la camioneta.

Me había ganado un fuerte disgusto por el trabajo de construcción debido a cómo me había vuelto bueno en él. Lo llamo el paradigma del pobre. Es la experiencia que se obtiene arreglando cosas rotas con tus propias manos y gran determinación. Una persona adquiere esas habilidades porque no puede permitirse pagarle a nadie para que las haga por ella. Es un estilo de vida en el que llegas a la edad laboral y a menudo escuchas el término "buen dinero". Para un obrero, buen dinero significa un salario que paga las facturas pero que no da ni un pelo más allá de eso. Los trabajos de construcción me atrajeron por su buen dinero al salir de la preparatoria. Pero, a mediados de los treinta, me di cuenta de que me atraía más la idea de ser un aspirante a escritor que golpear clavos con un martillo. El trabajo de construcción nunca me proporcionó la satisfacción que yo esperaba.

Sea como fuere, la vida me había dado las habilidades necesarias para ayudar a Alice. Esos años en la construcción imprimieron en mí la capacidad de mirar

3

algo y conocer la extensión del trabajo casi al instante. La casa de Alice era como estar contra las cuerdas y demasiado cansada para pelear. Una tubería se había roto e inundado todo el piso de abajo en el invierno anterior. En consecuencia, el moho se había apoderado de la casa mientras ella no estaba. El primer piso fue derribado hasta su estructura desnuda para eliminar el moho. Como yo trabajaba de tiempo completo, sabía que involucrarme en su proyecto significaría acabar con mis fines de semana y noches libres durante los próximos mil años.

Alice estaba en un apuro. Eso se entendió fácilmente. A mis ojos, el hecho de que ella me ofreciera terapia no parecía tan valioso como las reparaciones que yo tendría que hacer. A decir verdad, la terapia no me interesaba en lo absoluto. Mis problemas y yo habíamos convivido durante treinta y cinco años sin ser arrestados. Es justo decir que yo podría haber continuado sin terapia, sin embargo, la fascinante vida de Alice me hizo querer ser su amigo. Quería escuchar sus historias y aprender de ella. No quería nada más, especialmente trabajo extra.

Desde que llegué a la propiedad, decidí cumplir mi palabra. En lugar de los trabajos de construcción, me hizo arrancar las malas hierbas. Saqué un millón de malas hierbas. Todo su césped era una mala hierba. Necesitaba semillas de césped y que lo cortaran regularmente en lugar de arrancar cada planta del jardín. Mientras tanto, ella quería que yo hiciera referencia a sacar las malas hierbas de mi mente en preparación para la sesión de terapia que ocurriría más tarde ese día. Esto, pensé, era meramente una tontería. Era la primera vez que estábamos juntos y Alice me estaba asustando un poco.

Ella era excéntrica. Tenía un optimismo inquebrantable con respecto a este proyecto. "¡Será divertido!", dijo. Después de miles de horas de trabajo manual, no sentía que me estuviera divirtiendo. Pero, dame un trago de whisky, una buena melodía, una linda morena y te contaré todo sobre diversión. Las reparaciones que necesitaba la casa de Alice y la palabra diversión de ninguna manera iban en la misma oración.

Entonces, me escapé a la mitad del día. Fui a almorzar y nunca volví. Lo llaman ghosting en estos días. Sentí pena por ella y me avergoncé de lo que había hecho, pero estaba seguro de no querer ser la persona que remodelara todo ese lugar. Muchos contratistas locales necesitaban y querían ese tipo de trabajo. ¿Por qué no dárselo a ellos?, pensé. Corté el hilo de nuestra amistad por la mitad, sin importarme si continuaría después de eso.

Afortunadamente, Alice era una gran curadora. Nunca se rindió conmigo. Vio la oportunidad de ayudar a alguien y se preocupó de seguir intentando. Pero yo no lo permití. Realmente no quería ser parte de su remodelación. Esquivé cada solicitud de ayuda hasta que regresó a Ecuador. Prácticamente no tuvimos ningún contacto durante el siguiente medio año.

En octubre de 2016, regresó a Estados Unidos. Había conseguido ayuda para la reconstrucción de la casa a través de Internet y gracias a conexiones locales mientras estaba fuera. Su regreso trajo un intercambio de largos correos electrónicos, que estaban tanto saturados de su robusto optimismo que nuestra amistad se reparó por sí sola. Y, mientras tanto, su remodelación avanzaba lentamente. Me sentí más seguro de poder ayudar al final del proyecto.

Entre octubre y diciembre, pasé todo mi tiempo libre haciendo exactamente lo mismo por lo que me había quejado antes. Reparé tablas en las terrazas, coloqué baldosas, construí un recinto alrededor de su calentador de agua, lo reconstruí cosas y pinté hasta el límite del cansancio. Coloqué cables nuevos y llevé hasta el último objeto de la casa a un edificio de almacenamiento en otra parte de la propiedad. Incluso excavé e instalé un nuevo tubería séptico. A mediados de noviembre, me quedó claro, en un instante, por qué había estado haciendo esto. Fue por mucho más que una terapia.

Una tarde, estaba en el baño pintando una de las esquinas de un color verde azulado. El cepillo subía. El cepillo bajaba. Mojé el pincel. Yo pintaba. Mojé el pincel y pinté. No fue emocionante. Entonces llegó el momento en el que mi mente se activó. Como un trago de licor o un golpe de una pistola taser, una oleada de calor y electricidad envolvió mi abdomen en el momento exacto en que me asaltó el pensamiento: "¡Apuesto a que me dejaría ir a Ecuador con ella!" Quiero decir que fue tangible. Tuve la sensación de saber que todo iba a estar bien.

Dejé el cepillo, salí del baño y fui directo hacia Alice. Sonriendo un poco, le pregunté: "¿Puedo ir a Ecuador contigo?" Ella respondió: "¡Absolutamente!" Lo dijo tan rápido que fue como si hubiera estado esperando la pregunta.

Esa noche busqué un vuelo. Sin embargo, no había ninguno disponible en mi rango de precios que me permitiera volar a Ecuador con Alice. Tendría que irme solo dos semanas después. Durante ese tiempo, hice los últimos arreglos en la propiedad para que se pudiera vender. Acordamos que como trabajaba gratis, ella me daría una habitación en su casa donde pudiera quedarme. Además, supe que los estadounidenses que viajan a Ecuador por más de noventa días deben comprar una visa de $450. No tenía dinero para eso. Entonces, pagué mis vuelos y me comprometí a ser un extranjero por noventa días con solo $579 en la billetera.

Llegar hasta ahí
8 de diciembre de 2016

Para ser justos, mi primer pensamiento con respecto a mi último día en Estados Unidos fue: "Oh, mierda". Y ese pensamiento volvió a aparecer una y otra vez durante todo mi viaje a Ecuador. Comenzaría el viaje en el Aeropuerto Internacional Dulles en el norte de Virginia. Desde allí, volaría a Houston, donde tuve que esperar veintiún horas para mi próximo vuelo. Ese es tiempo suficiente para freír el cerebro de un viajero común y frustrado. Aunque para mí, nunca podría haber sido lo suficientemente larga.

De hecho, fue una buena noticia. Algunos de mis mejores amigos vivían cerca de Houston, así que tendría la oportunidad de verlos. Estaría bastante lejos de casa como para sentir que estaba de viaje, pero a la vez podría relajarme durante este intervalo de tiempo realmente largo. Me gustó que pasara eso. Ser arrastrado a circunstancias desconocidas ya no era tan bienvenido por mi naturaleza como solía serlo.

Soy el tipo de persona que se comprometerá ciegamente con casi cualquier cosa. Si me preguntas: "Oye, Mike, ¿quieres hacer paracaidismo ahora mismo?" Mi respuesta sería un rápido sí. Pero no soy de los que se emociona demasiado mientras hace algo. Los años me han demostrado que estoy feliz por haber hecho cosas. Me siento orgulloso de haber tenido el coraje para seguir adelante. Aun así, rara vez soy del tipo de persona que choca los cinco contigo y te dice: "¡Sí, hombre! ¡Vayamos a Ecuador!". En cambio, soy del tipo que secretamente espera pasar un buen rato mientras regresa a casa con todas sus extremidades intactas. Así soy yo. Soy el primogénito. Soy el hermano mayor. Soy cercano a mis padres. Me he vuelto más cauteloso. Me gustaría estar tranquilo y relajado todo el tiempo, pero es imposible.

El día de la partida a Ecuador intenté deliberadamente no pensar en el compromiso que se avecinaba a las 5:39 de la tarde. En ese momento, el avión dejaría atrás mi cómodo país y mi zona de confort, y llegaría a medianoche a Quito, la capital de Ecuador. Yo hubiera preferido pasar otro día entre amigos, risas y buena comida texana.

En el Aeropuerto Intercontinental George Bush de Houston, 5:39 p.m. llegó con la misma confiabilidad que todos los días. Estaba sentado en el avión pensando: *¡Aquí vamos! ¡Este viaje se ha tornado una realidad!* Había otras cien personas en el avión que parecían estar pensando: *Esto tardará una eternidad.* Parecían aburridos en el momento en que se sentaron en sus asientos. A los diez minutos del despegue, juro que el treinta por ciento de ellos estaban dormidos.

La ansiedad recorría todo mi cuerpo. Estaba en un asiento de pasillo. A mi lado, una guapa latina estaba tosiendo con ganas, como si fuera a conseguir un trofeo por ello. Una mujer canadiense se sentó en el asiento de la ventana. Más tarde, ella describiría su anterior estadía en Ecuador como aterradora.

En la primavera de 2016, perdí el bazo en un accidente de motocicleta. El bazo es el órgano del sistema inmunológico del cuerpo. El ataque de tos de la latina me convenció de que llegaría a Sudamérica con un caso descontrolado de varicela. Sus estornudos eran tan poderosos como las descargas del inodoro. Su nariz era un grifo de mocos. Había pañuelos al alcance que contenían más moco que papel. Estaba seguro de que me contagiaría. Y estaba seguro de que nadie podría curarme.

A mitad del vuelo, la mujer canadiense compartió una historia con la latina enferma y conmigo. Con gran seriedad, nos contó sobre su primer viaje a Ecuador. Había estado bebiendo en Quito. Estaba sola y había conocido a algunos lugareños. Durante la noche, alguien había puesto una droga en su bebida. Al día siguiente, despertó en algún lugar de la ciudad, sin saber cómo había llegado allí ni con quién estaba en ese momento. Absorbí esta información como si mi vida dependiera de ella.

Como un caldo de cultivo para la paranoia, su historia no ayudó a calmar mi mente sobre la idea de ir a otro país. Sarcásticamente, le agradecí por las horas de preocupación mientras volábamos por el cielo nocturno directamente a la ciudad donde había sido drogada.

Era exactamente medianoche cuando aterrizamos en Quito. Yo todavía estaba despierto. Afuera, la vista desde el avión era misteriosa. Estaba en Sudamérica. Era difícil de creer. Llegar allí en la oscuridad de la noche hizo que pareciera dudoso que estuviéramos en Ecuador. Ciertamente habíamos aterrizado en Quito, pero no había noción de la distancia recorrida. Más bien, solo tenía la sensación del tiempo pasado sentado en un asiento del pasillo, rodeado por ventanas oscuras.

Cuando llegó el momento de dejar el avión, yo temía el cambio. Mi querida zona de confort se sentía a millones de kilómetros de distancia. Una vez más, "oh, mierda" era todo lo que repetía mi cabeza. Al entrar al aeropuerto siendo un hombre blanco, pelirrojo, que viajaba solo, estaba seguro de que sería víctima de algún crimen. Estaba casi mareado de ansiedad. Los estadounidenses desaparecen todo el tiempo en países extranjeros. Y yo acababa de lanzarme a una situación en la que aumentaban las probabilidades de que eso sucediera.

Ya no estaba en casa diciéndoles a mis amigos: "Oye, me voy a Ecuador a pasar el invierno". Ellos me transmitían su sorpresa, entusiasmo y buenos deseos. Claro, se sentía genial decirlo mientras yo estaba en Virginia Occidental. Ahora, estando en Quito, tenía que afrontar las consecuencias. De repente, la parte genial se había desvanecido. Me sentí un debilucho. Pero ya estaba allí y dar marcha atrás era imposible. La única opción era seguir adelante. Con cada paso hacia la terminal, miraba para ver quién me robaría el bolsillo, tal como me había advertido la canadiense. Estaba lleno de adrenalina y movía mi cabeza a toda dirección de la que viniera algún ruido.

Vergonzosamente, si fuera un superhéroe, mi nombre sería Hombre Cuidado. ¡Mi superpoder sería la capacidad de tener cuidado! Y mi capa sería verde resplandeciente. Realmente me gusta sentirme seguro, pero a cada tanto me pongo en peligro para escapar de una vida vivida miserablemente. Y esa es la definición misma de valentía.

A la salida del avión le siguió una revisión de pasaportes y aduanas. Después de una breve espera, me encontré frente a una funcionaria de aduanas que me hizo algunas preguntas mientras sostenía mi pasaporte en su mano. Aparentemente convencida, lo selló. Fui a recoger mi equipaje y a reunirme con los demás en una fila de seguridad aduanera.

A mi derecha, los oficiales, vestidos con camuflaje verde, revisaban las bolsas. La fila apenas se movía. No había traído nada importante por lo que preocuparme, solo ropa, mi cámara, una computadora portátil, un par de libros y algunos artículos de almacén que Alice había pedido. Según me había dicho, algunas cosas eran difíciles de encontrar en los mercados ecuatorianos.

El control de seguridad debería haber sido muy sencillo. Curiosamente, después de haber estado en la fila media hora, un oficial quitó la correa de separación y me hizo pasar por una puerta, alejándome del control de seguridad. De nuevo, un "oh, mierda" apareció en mi cabeza, ya que no había visto que ningún otro viajero fuera sacado de fila y pasara por esa puerta. *¡Aquí vamos! Es hora del registro de cuerpo entero.* Pero estaba completamente equivocado. La puerta conducía directamente a la terminal. El oficial había acelerado el proceso. ¿Por qué? No tengo idea. No registraron mis maletas.

Encontré un asiento en la terminal. Mi próximo vuelo estaba programado para las seis de la mañana. Una vez que me tranquilicé y pude volver a pensar como un humano, me di cuenta que el aeropuerto estaba a la altura de cualquier otro. Era bastante agradable. Todo se veía moderno, limpio y normal. En general, era una fracción del tamaño de los de Estados Unidos. El aeropuerto de Quito se parecía más a uno regional sumamente bien construido.

La gente salió hacia el área de taxis. Las familias daban la bienvenida a los que llegaban. Todo era tranquilo y pacífico, tal como había experimentado en otros aeropuertos. Son como bibliotecas. Para aquellos que esperan un vuelo de conexión, son un anfitrión para hojear sin prisa y sentarse en silencio. Yo no tenía nada que hacer más que esperar.

Alrededor de las dos de la madrugada, encontré una esquina vacía del aeropuerto. Me acosté en el suelo para dormir una siesta. Mantuve un brazo en mi maleta y usé mi mochila como almohada. Mi estado de alarma elevado no se desvanecería lo suficiente como para dormir. Me quedé allí, con los ojos cerrados, tratando de relajarme. Cada tanto, oía pasos y abría los ojos para registrar la situación. Era solo otro transeúnte pacífico. Si salía algún mensaje desconocido por el intercomunicador, lo escuchaba. Mi instinto me hacía prestar atención a todo, incluso con los ojos cerrados.

Cerca de las cuatro de la mañana, escuché una voz. Era una voz masculina y en inglés. Estaba casi dormido, así que me quedé con los ojos cerrados y fingí no escucharlo. De todos modos, no estaba seguro de que la persona estuviera hablando a mí. Momentos después, el silencio se interrumpió nuevamente. *"Hey, man"*, dijo la voz. Abrí los ojos y vi a un ecuatoriano sentado en el suelo a seis metros de distancia. Él estaba inclinado en mi dirección y sonreía. Me senté erguido para saludarlo. *"Hey"*, respondí.

Su nombre era Luis. Estaba profundamente aburrido por la quietud del aeropuerto. Tomé esta situación como una oportunidad para conocer el país que estaba visitando. Luis era originario de Ecuador, pero había pasado la mayor parte de su edad adulta trabajando en Estados Unidos. Casi sin acento, su inglés era muy correcto. Estaba curioso por saber por qué yo estaba en Ecuador. Complací su curiosidad y también le hice algunas preguntas. Contó sus aventuras trabajando en los Estados Unidos. Me habló de sus dificultades para aprender inglés y de la mudanza de su hijo al país. Estaba orgulloso por contarme sobre el trabajo de reparación de ascensores que encontró su hijo estando en los Estados Unidos. Le conté que había estado viajando los últimos dos días y sobre mis preocupaciones por el próximo día del viaje. Durante las siguientes dos horas, estuve en buena compañía y pude liberarme un poco de las preocupaciones.

Dieron las seis de la mañana y yo llevaba veintidós horas despierto. Formaba parte de un grupo de casi cincuenta viajeros que fueron trasladados a un gran avión Tame propulsado por hélice. Esta era mi primera vez en uno. Sabía que bajaríamos de categoría desde un gran avión comercial para volar al sur de Ecuador, pero un avión propulsado por hélice no era lo que había imaginado.

El vehículo de traslado nos dejó en el área de espera de una pista. El avión tenía una rampa por la cual subir, del tipo por la que verías salir a un presidente saludando a una multitud de espectadores. La primera luz del día iluminó una enorme cadena montañosa paralela a la pista. Estas eran las montañas más altas que había visto. Parecían las Montañas Rocosas sin nieve. Estos eran los Andes gigantes y verdes. Eran los responsables por la elevación de 2.850 metros de Quito.

Subimos los escalones y nos sentamos. El avión se dirigía al sur, hacia Catamayo, Ecuador. El vuelo solo duraría una hora. Mientras volaba, estaba mirando por la ventana y me quedé dormido. Cuando me desperté, segundos o tal vez minutos después, me quedé atónito. Susurré: "¿Dónde estoy? ¿Y por qué diablos estoy en un avión?" Por la ventana, los picos de las montañas gigantes y místicas se elevaban hacia el cielo. Parecían islas escarpadas asomando a través de un mar de nubes de bolas de algodón. Dentro del avión, nadie parecía familiar. Estaba empapado en sudor. Mi memoria a corto plazo había sido borrada. Cuando las cosas empezaron a aclararse, la ansiedad volvió a asomar su cabeza no deseada.

Pronto, el mundo exterior fue bendecido por un inmenso cielo azul. Debajo de nosotros, los Andes habían adquirido un tono color caramelo. Entre los picos, un rompecabezas de verdes tierras de cultivo llenaba los valles. Aquí, las montañas se elevaban directamente al cielo sin estribaciones notables. El piloto inició un giro brusco a la derecha, comenzando nuestro descenso hacia la parte inferior del valle.

Las cimas de las montañas ahora superaban nuestra altitud de crucero. Desde un par de cientos de metros en el aire, podía ver casas de aspecto rudimentario que se extendían por las tierras de cultivo. Esta fue mi primera visión de la vida rural ecuatoriana. Entonces, vi la pista del aeropuerto de Catamayo.

Aterrizamos sanos y salvos, y aquí me alineé como una oveja. Seguí a todos fuera del avión, bajé otro tramo de escaleras portátiles y me dirigí hacia la terminal. No podía ignorar la emoción nacida del terreno circundante. Era deslumbrante. Por segunda vez en poco más de una hora, me dije a mí mismo: "Estas son las montañas más grandes que he visto". Mientras caminaba hacia la terminal, giraba mi cuello totalmente hacia la derecha para mirar las montañas.

La terminal de Catamayo era más pequeña que la de Quito. En el interior, una pequeña cinta transportadora de recogida de equipajes en forma de U nos traía nuestras cosas. Parecía una larga cinta transportadora de caja de supermercado con una curva. Con las bolsas en la mano, tendría que comenzar a negociar mi viaje hacia la finca de Alice en Vilcabamba, Ecuador, dos horas y media al sur.

Alice me había dado un conjunto de instrucciones muy específicas escritas en español. Las saqué de mi bolsillo y salí por la parte trasera de la terminal. Tal como me había dicho, los taxistas me rodearon. Dijo que dictara severamente a dónde tenía que ir mientras les ofrecía cuánto estaba dispuesto a pagar. Ella quería, por supuesto, que yo dijera estas cosas en español. El objetivo número uno era llegar a la terminal de autobuses de Catamayo. Mi falta de confianza en que esto ocurriera sin problemas literalmente me hizo temblar.

Se me acercaron seis hombres. Hablaban español tan rápido que bien podrían haber estado hablando en lenguas. Miré mi hoja de instrucciones y comencé a masacrar verbalmente las frases en español. Formé las palabras tan lentamente que un taxista de cabello gris se adelantó y me quitó el papel de la mano. Mientras tanto, los otros hombres intentaban atraerme con frases y gestos rápidos. Estaba abrumado.

Dentro de la confusión, el viejo taxista se destacó como la opción que tendría que elegir. Comenzó a señalarme con entusiasmo hacia su taxi mientras se ofrecía a llevar mis maletas. Yo estaba con la guardia tan alta que tenía los nudillos blancos por el agarre de las manijas. Claramente no las iba a entregar. Años de noticias negativas e incidentes compartidos por amigos ocuparon mi mente. Ahora estaba tratando con extranjeros en su territorio. Sabía que el estado de derecho era diferente aquí. No estaba familiarizado con ninguno de los caminos por los que viajaría. Y estaba al tanto del estereotipo que tiene parte de la población mundial. En teoría, todos los estadounidenses son ricos y quizá valen un rescate. Menciono estas cosas porque el conductor ahora ignoraba por completo mi solicitud de que me llevara a la terminal de autobuses de Catamayo.

En el momento en que sostuvo mis instrucciones en la mano, se dio cuenta de cuál era mi destino final. Y así, había reconocido la oportunidad de aprovechar mi condición de recién llegado a Ecuador. Se dio cuenta de mi naturaleza preocupada. Sabía que me tenía bajo control.

Salimos en su auto mientras yo repetía mi pedido, "El terminal de bus. Catamayo". Él respondía con una mirada sarcástica en el espejo retrovisor y una sonrisa gigante que acompañaba a la pregunta "¿A Loja?". Esto sucedió una docena de veces. Sabía que llevarme a la terminal de autobuses de Catamayo le haría ganar dos dólares. Pero si pudiera llevarme más lejos por el camino hacia Loja, podría cobrar veinte. Mi español era tan bueno como un fideo para una cuerda de cometa. La negociación estaba fuera de la mesa. Evalué la situación.

Estaba relativamente a salvo. A pesar de sus múltiples intentos de recoger a otros pasajeros, que yo negué, solo estábamos él y yo en el taxi. Podía manejar las cosas siempre y cuando nos mantuviéramos en el curso original hacia mi destino. La idea de subirse a un autobús público en un país extranjero era tan indeseable como que el taxista me ignorara. Había experimentado varias terminales de Greyhound en Estados Unidos que eran terriblemente sospechosas. No podía imaginarme que las terminales de Ecuador fueran mejores que esas. Teníamos una hora en coche hasta Loja. Decidí dejar de preocuparme por el tema.

Cada tanto, el conductor intentaba iniciar una conversación. Yo era incapaz de comprender. Me encogía de hombros y murmuraba algo en inglés. Él entendía la situación, sacudía la cabeza, sonreía y volvía a concentrarse en la carretera. Por las ventanas del taxi, vi que habíamos ascendido un notable trayecto de montaña. En las elevaciones más altas, había coníferas con agujas largas y suaves que colgaban de las puntas de las ramas como la crin de un caballo. Era una tierra de una belleza fantástica. En los momentos en que el conductor no estaba tratando de adelantar valientemente al auto delante de él, yo viajaba lleno de mariposas en el estómago y completamente maravillado. Ningún lugar en el que había estado antes se parecía a este. Casi de inmediato me quedó claro que yo estaba navegando por el terreno más hermoso de mi vida.

Las tierras agrícolas escarpadas y montañosas pronto dieron paso al urbanismo. Bajamos a una ciudad que supuse era Loja. Había un extenso paisaje de montañas densamente decoradas con casas. Me vino a la mente mi breve estadía en California, años antes. A primera vista, el ordenamiento de Loja parecía un Beverly Hills lleno de casas más pequeñas e influencia latina. La calidad de construcción de las casas era solo ligeramente inferior a la del primer mundo. De inmediato noté el uso prolífico del hormigón por parte de los ecuatorianos en su estrategia de construcción. Frené esa observación cuando entramos en la terminal de autobuses de Loja.

Sabiendo que me dirigía a Vilcabamba, el taxista hizo un último intento para seguir llevándome hasta allí. Tenía símbolos de dólar en los ojos. Repetidas veces preguntó, en español, "¿A Vilcabamba? ¿A Vilcabamba?". Y a cada "¿A Vilcabamba?" yo le respondía con un severo "¡No!". A estas alturas, me había dado cuenta que él solo buscaba mi dinero. Sin embargo, fue lo suficientemente honesto como para llevarme en dirección a mi destino. Le pagué sus veinte dólares turbiamente ganados y salí del taxi con una ansiedad creciente.

En la terminal de autobuses de Loja, tenía dos voces en la cabeza. Estaba la voz de instrucción de Alice. Era un recordatorio de los movimientos exactos que debían realizarse para atravesar la terminal de manera correcta. Me dijo por dónde entraría al edificio, dónde saldría para ir al autobús, qué compañía de autobuses usar, de qué color eran y dónde estaba ubicada la ventanilla de boletos. Muchas empresas de transporte comparten las mismas terminales de autobuses en Ecuador. Están dispuestos como oficinas adyacentes detrás de grandes paneles de vidrio. Alice me dijo que tendría que conseguir una moneda de 10 centavos americanos para pasar por el molinete a la salida del edificio. No se dejó ni un detalle sin explicar. Esa era su voz en mi cabeza.

Luego estaba la voz de la chica drogada. Ella me había dicho sobre ser robado en las terminales de autobuses. Ella me dijo: "Vigila tu espalda. Pueden ser lugares difíciles". Eso fue suficiente para llevar mi ansiedad al tope del medidor. Naturalmente, su voz se apoderó de mi pensamiento.

Entré en la terminal densamente poblada con la guardia más alta que nunca. Me sentía como el señor minoría, el señor objetivo en la espalda, el señor americano rico en franca minoría y el señor "espero no tener que defenderme". Conociendo bien mi destreza en la lucha, no me hacía ilusiones de ser Chuck Norris. No tenía la menor creencia de que pudiera ganar en contra de un puñado de carteristas ecuatorianos con una serie de rápidas patadas y golpes en la yugular. La historia de la chica drogada no me hizo ningún favor. El tiempo en la terminal de Loja fue el momento de más grande ansiedad incapacitante que había sentido en mi vida. Mi cerebro prácticamente se apagó.

Había olvidado las instrucciones de Alice. No recordaba dónde estaba la ventanilla de la compañía de autobuses. No podía recordar el nombre de la empresa ni el color de los autobuses. Esto me obligó a caminar por ambos pisos y buscar. Puse mi mejor cara de "sé lo que estoy haciendo" y aceleré el paso. Yo era un extranjero lejos del camino trillado. Con 1,85 metros de altura y tan pálido como un tazón de azúcar, atraía miradas. *¿Qué están pensando? ¿Quién va a hacer un movimiento?* Los pensamientos instintivos me dominaban. Estaba irracionalmente en guardia.

Con el tiempo, encontré la ventanilla de la empresa de autobuses que hace el servicio a Vilcabamba. Se llamaba Vilcaturis. Tenía mi mochila y la bolsa de equipaje tan apretadas contra mí que no quería soltarlas para buscar el dinero en mi bolsillo. Antes de revisar mi bolsillo delantero, miré a mi alrededor para ver quién estaba mirando. Parecía un traficante de drogas registrando el lugar en búsqueda de policías. Para la chica de la ventanilla, mis gestos pueden haber sido lo más extraño que había visto en mucho tiempo.

Mis bolsillos delanteros lo eran todo para mí. Mis ahora $559 estaban allí. Mi pasaporte estaba allí, al igual que mis cédulas de identidad. Solo tratar de alcanzar mi bolsillo era un claro indicio de la mercancía que tenía.

No obstante, conseguí un boleto. Antes de llegar al molinete de salida, tomé el camino equivocado. Entonces, un empleado uniformado me indicó que fuera por el otro camino. No pude descifrar su orden en español y repetidamente intenté seguir adelante. El empleado ajustó la orden y agregó gestos. Entendí el mensaje. El molinete que estaba tratando de usar estaba fuera de servicio.

Al fondo de la terminal, vi el autobús. Le mostré al conductor mi billete y me senté entre los demás. Era un manojo de nervios. Excepto por la microsiesta en el vuelo a Catamayo, había estado despierto y en alerta máxima durante veinticinco horas. Vilcabamba estaba una hora y media al sur.

El autobús estaba cargado con una mezcla común de gente joven y vieja. No era la escena que me había imaginado de antemano. No estaba lleno de criminales empedernidos que se apiñaban en los asientos a mi alrededor. No era la escena en la que el más grande se sentaba en el asiento a mi lado y me miraba fijamente. No había nadie que quisiera sentarse a mi lado con un cuchillo destinado a ser clavado en mi costado. Aún así, mi guardia se mantuvo alta.

Al salir de la terminal, noté que el autobús tenía una caja de cambios manual. Esto atrapó de inmediato mi atención; era algo bastante novedoso. Experimenté un cambio emocional breve y positivo. Nunca había oído hablar de un autobús de pasajeros de gran capacidad con transmisión manual. El autobús también estaba adornado con logotipos y calcomanías para darle un toque entusiasta. Estas fueron bienvenidas distracciones momentáneas.

Desde la terminal, nos adentramos más en Loja. Era una ciudad plagada de negocios. Parecía un collage bastante denso de áreas residenciales y empresariales. Las horas de estar despierto y lleno de adrenalina estaban empezando a pasar factura. Al pasar por la ciudad, me di cuenta de que podría ser más proactivo grabando el viaje, a pesar del miedo a exponer mis dispositivos electrónicos. No tenía un teléfono inteligente en este momento de mi vida. Había traído una Sony Handycam barata y una cámara Canon decente. Saqué la Handycam de mi mochila. Giré mi cuello para ver quién me estaba mirando. El entorno parecía estar despejado, así que sostuve mi cámara casi contra la ventana del autobús. La mantuve lo suficientemente baja para que los otros pasajeros no vieran lo que estaba haciendo.

Loja era intrigante. Los edificios estaban pintados de todos los colores que te pudieras imaginas. Algunas estructuras tenían la marca del colonialismo español, y otras parecían ideas que cobraban vida. Había logotipos y empresas de las que nunca había oído hablar por todas partes. Los autos, camiones y motocicletas eran irreconocibles. Disfruté pasar por las calles llenas de variedad de Loja. Quería capturarlo en video. ¿Quién sabía si volvería a ver el lugar?

El autobús subió y salió del valle de Cuxibamba y se alejó de la ciudad. Los Andes eran de un verde intenso aquí. Eran extremadamente empinados, y vale la pena repetir, intensamente verdes. Las empresas agrícolas se habían apoderado de gran parte del bosque, dejando prados celestiales como impresionantes efectos secundarios. De vez en cuando, pasábamos por una casa parecida a una choza construida en una franja de tierra entre la carretera y una ladera precaria. A veces, había gente afuera. Era evidente que eran del campo, agricultores de las montañas. Mientras el autobús giraba y crujía por las colinas y las curvas, me impresionó tanto la magnificencia del paisaje que parecía que él podía, por sí mismo, calmar mi ansiedad. Me volví un poco más valiente mostrando mi cámara de video.

Sin embargo, no fui tan valiente como el conductor del autobús. Parecía que la regla en la ruta era que no había reglas. Si el conductor pensara que podía pasar el auto frente a él, seguramente lo intentaría. Pasaba cuesta arriba, cuesta abajo, al entrar en una esquina o salir por otra. Pasaría por cualquier lugar. Me pareció bastante divertido, dados mis dieciocho años de carreras de motos. Después de expresar la ansiedad paralizante que sentí en la terminal de autobuses, casi suena loco decir que su conducción no me molestó mucho. En algún lugar hay un profundo desequilibrio en la confianza práctica en mi ser. En cualquier caso, estaría mintiendo si dijera que no había dejado un poco de espacio en mi mente para pensar en nuestro autobús rodando por un acantilado. Eso es lo que retratan los medios estadounidenses de las carreteras de montaña extranjeras y de los autobuses de pasajeros.

A lo largo de la ruta, pararíamos en un par de pueblos. Todos eran magníficamente hermosos, dispuestos entre las montañas. Gente subiría. Gente bajaría. Recogeríamos a personas en la autopista y los dejaríamos en sus casas. Yo atraía un par de miradas, aquí y allá. Y, caramba, eran miradas amistosas.

Cuando cruzamos el último paso de montaña hacia Vilcabamba, bien podría haber estado en el cielo. Era un mundo verde de picos escarpados, formaciones rocosas y tierras de cultivo. Entramos en la terminal de autobuses. Llevaba casi veintisiete horas despierto desde Houston. Cuando salí del autobús y vi a Alice, el fardo pesado de ansiedad abandonó mis hombros. Me sentí liviano de nuevo. Me sentí completamente a salvo una vez más. Casi lloré de alegría cuando la preocupación dejó mi cuerpo.

Vilcabamba iba a ser lo más cercano a la civilización que tendría. Era donde pensé que vivía Alice. Pero ella no vivía en la ciudad. Y yo tampoco lo haría. Aún quedaban ocho kilómetros por recorrer antes de finalmente llegar a mi destino. Alice necesitó unos momentos para caminar por la ciudad y comprar algunas cosas. Cuando terminó encontramos un taxi.

Era una camioneta pickup diésel pequeña, verde y blanca. Hasta donde yo sabía, no había pequeñas camionetas diésel en Estados Unidos. Volkswagen vendía automóviles diésel en Estados Unidos, pero no camionetas. No estaba seguro de por qué. Aquí en Vilcabamba, estos taxis camionetas diésel eran abundantes. Nos metimos en uno de ellos y salimos de la ciudad.

Viajamos una distancia corta por una carretera con líneas pintadas y luego giramos hacia una carretera sin marcaciones. Nos dirigíamos hacia otro valle de una montaña cubierta por un bosque. Ella vivía en una propiedad de un par de cientos de acres que era mitad ladera de una montaña, mitad una granja no comercial. Había sido necesario que Alice me buscara en Vilcabamba, ya que los hogares rurales ecuatorianos generalmente no tenían direcciones. No habría sabido qué decirle a un taxista para llegar a su casa.

En la carretera sin señalizar, las curvas sinuosas coincidían con el rápido río Vilcabamba. Las plantas crecían espesas y altas aquí, llegando hasta el borde de la carretera. Pequeños grupos de casas, algunas robustas y otras bastante deterioradas, aparecían de vez en cuando. Había perros, gallinas y niños alrededor. Noté tiendas improvisadas que, en realidad, eran la casa de alguien y que también funcionaba como mercado. La camioneta nos dejó al principio de un camino de grava. *Aquí debe ser donde Alice maneja hasta su casa.* Empezamos a caminar por la carretera. A la derecha, había un claro, algunos bancos ultra rudimentarios cubiertos y un terreno de tierra utilizado como cancha de voleibol. Pero no había coche. Veinte metros más adelante fluía el río Vilcabamba. Al dar la vuelta a una curva, vi un puente suspendido sobre el río. Alice se dirigió hacia él. La seguí con una sonrisa en mi rostro.

El puente era de acero con paneles de chapa diamantada oxidados para mayor tracción. Dos gruesos cables trenzados de acero le proporcionaban fuerza y hacían de para pasamanos. En cada orilla del río, pesados pilares de hormigón servían como puntos de unión para los cables. Cuando lo cruzamos, reaccionó con un ligero balanceo, como la sensación de estar de pie en un bote en agua un poco agitada.

Al bajar del puente, subimos por un camino de tierra bordeado de un follaje verde, espeso e invasivo. Este sendero era el remanente de un camino. Seguí a Alice, paso a paso, sin tener idea de qué tanto caminaríamos antes de llegar a su propiedad. Dado que habíamos tenido que cruzar un puente suspendido y ahora estábamos caminando por un sendero de tierra, me sentí extrañamente aventurero. *¿Cuán lejos iremos?*, me pregunté.

La respuesta llegó después de una curva, a unos setenta metros del puente. A nuestra derecha había una elaborada puerta de piedra con un techo decorativo de terracota. Tenía barras de hierro ingeniosamente modeladas como una mariposa gigante. Habíamos llegado a la casa de Alice.

Para entrar, teníamos que abrir el portón con una llave. Una espesa vegetación y grandes rocas bloqueaban el acceso a ambos lados de la entrada para que nadie pudiera colarse. A unos metros de distancia, la casa de Alice estaba esperando nuestra llegada, al igual que su esposo Dan. Me dio la bienvenida a su casa con una sonrisa y algo como: "Encantado por al fin conocerte". Dan y yo nos habíamos hablado varias veces a través de Facebook antes de mi llegada.

Mis anfitriones tenían un alto nivel educativo en el mundo académico y, potencialmente, más aún, en el mundo de la experiencia ganada, ya que tenían unos setenta años. Estaban sumamente sintonizados con los modos y los acontecimientos de la Tierra. Ambos habían dado algunas vueltas alrededor del gran globo azul en su momento. Dan tenía una formación científica con afinidad por la tecnología de alto grado. Era un músico consumado y un artista sumamente en sintonía con los colores y patrones desarrollados naturalmente en biología. Con orgullo dominaba ROLFing, una forma de fisioterapia. Es de naturaleza similar a un masaje y se utiliza para la realineación anatómica de un cuerpo mediante la manipulación de su fascia muscular tensa.

Alice era una mujer independiente y capaz para todo lo que fuera de intelecto e interés. Era una autora con publicaciones y una defensora del cuidado del medio ambiente local y mundial. Vivía según el mantra "deja el camino mejor de lo que lo encontraste". Era una persona basada en soluciones en un mundo lleno de compañeros enfocados en problemas. Y, como yo, tenía conocimientos prácticos en construcción de viviendas.

Los próximos tres meses seguramente serían de aprendizaje y crecimiento. Siempre había deseado estar en compañía de personas que habían llegado lejos y hecho mucho más que yo. Ahora, había viajado a Ecuador para refugiarme con dos ejemplos perfectos. Los percibí como una buena compañía de la que podía aprender y con la que podría explorar Ecuador. Pero estaba exhausto. Con buena intención, tenía que encontrar la manera de alejarme de ellos el tiempo suficiente para dormir una siesta. Yo había estado veintinueve horas despierto.

Hallazgos desconocidos

Alrededor de todo el mundo, hay lugares donde el planeta se organiza para que los habitantes de esa zona se beneficien. Para su mente, la belleza natural puede ser tal que las personas se calman cuando la absorben. Para la seguridad, estos lugares pueden proporcionar aislamiento de un mundo exterior que arrasa todo en un curso de contaminación y disociación nacida de la tecnología. Para la salud, el clima puede ser tan óptimo que los afortunados habitantes pasan una mayor parte del tiempo al sol y moviendo sus cuerpos. Para la riqueza social, estos lugares pueden albergar una cultura donde la familia todavía importa y se reúne. Esta combinación de regalos puede proporcionar una mayor vitalidad a los residentes que han acumulado más años en este planeta.

Algunas personas tienen la suerte de nacer en esos lugares. Otros tienen la suerte de encontrar un lugar así.

Se piensa que este tipo de experiencia colectiva otorga a los ancianos de Vilcabamba una condición de mayor vitalidad que en la mayoría de los lugares del planeta Tierra. Son los beneficiarios del medio ambiente ecuatoriano, los alimentos saludables y los fuertes lazos familiares. Vilcabamba es un pequeño pueblo andino plagado de gente excepcionalmente sana y longeva.

Es un tesoro de lugar. A 1,500 metros sobre el nivel del mar, su elevación rara vez permite que la temperatura esté lejos de los 20° C. Es un lugar con una estación seca y una húmeda. Más aún, es un lugar encerrado en lo que algunos llaman primavera perpetua. Ambas estaciones comparten la mitad del año. Su ubicación ecuatorial le otorga la posibilidad de hermosos amaneceres y atardeceres casi a las 6:30 de la mañana y 6:30 de la tarde cada día. Los solsticios de verano e invierno de Ecuador tienen una pequeña diferencia de cuatro minutos.

Las montañas realmente hacen de Vilcabamba lo que es. Puedo decir lo mismo de mi estado. Las montañas realmente hacen de Virginia Occidental lo que es. Las montañas realmente hacen de Colorado lo que es. Una y otra vez, los beneficios del aire limpio y una existencia simple y con un propósito a menudo se encuentran en las regiones montañosas.

En la tierra alrededor de Vilcabamba, hay montañas con manantiales serenos y ríos del tamaño de un arroyo que fluyen con oro líquido; al menos eso es lo que a muchos de los residentes les gusta pensar. Muchos especulan que el agua de la región es un secreto adicional para su longevidad. Y ahora, a nivel mundial, el agua de Vilcabamba está ganando reconocimiento por su

MIKE KRABAL

contenido mineral. ¿Han descubierto los residentes la fuente de la juventud? ¿Las montañas circundantes serán la fuente? Uno no podría saberlo a menos que pasara la mayor parte de su vida bebiéndola.

Mi interés por Ecuador, y especialmente por Vilcabamba, comenzó como un bebé gateando. Alice mencionaba constantemente el lugar mientras estaba en Estados Unidos. Yo había escuchado a la ligera. No podía pensar que todavía existiera un lugar así. *Seguramente ya lo habríamos arruinado*. Pero mi interés se disparó y comenzó a correr cuando me presentaron virtualmente a Vilcabamba a través de un video de YouTube de dieciséis minutos. Era el tipo de video que vende un lugar.

En el video, una voz femenina y calmada contaba acerca del lugar mientras aparecían tomas lentas y panorámicas del follaje verde, dejando que los rayos del sol se adueñaran de la lente por breves momentos. Las imágenes de niños jugando libremente, cerca de una fuente en la plaza del pueblo, me recordaron tiempos más inocentes. Rostros relajados coincidían con los coloridos edificios de aspecto relajado de la ciudad. La mención en el video del agua y las antiguas operaciones de caña de azúcar de la zona despertó más mi curiosidad. Mostraron una formación rocosa gigante llamada Mandango que se sentaba como un guardián sobre la ciudad. En el video escuché por primera vez sobre la longevidad de sus habitantes.

Seguramente, el divertido nombre de Vilcabamba inició un canto interno de *La Bamba* de Ritchie Valens. Pero después de ver ese video una docena de veces, tenía que ir a ver Vilcabamba por mí mismo. Quería ver si

33

realmente existía un lugar que pudiera estar a la altura de un video editado para retratar un casi paraíso.

El día anterior, cuando bajé del autobús para encontrarme con Alice, un mundo lleno de sorpresas comenzó a jugar con mis sentidos. Empecé a notar cosas que había visto en el video. Había una prensa de caña de madera muy gastada fuera de un mercado de la esquina. Alice y yo nos detuvimos a tomar un trago de jugo de caña. Fue la primera cosa natural que ingerí como extranjero. Era tan verde como la col rizada en jugo, pero suave y naturalmente dulce. Mientras lo bebía, pensé que tendría que vigilar la ingestión de alimentos crudos. Pero esa preocupación era algo trivial en ese momento. Terminamos nuestras bebidas y proseguimos el camino.

Alice estaba aprovechando bien su tiempo en Vilcabamba. Quería reabastecerse de lo básico. La seguí con inocente asombro. *Justo ahí está la plaza del pueblo y su catedral azul. ¡Ah!, y ahí está esa fuente. Y hay niños jugando a su alrededor, como en el video.* Luego pensé: *¡Ahí está Mandango!* Lo había visto en el autobús que llegaba a la ciudad, aunque solo podía realmente captarlo a pie. *Quiero escalarlo. ¡Mira este lugar!*

Alice era todo negocios mientras deambulaba. "Este lugar tiene un pan realmente bueno", me decía. O, "aquí es donde compramos nuestra leche". Y yo pensaba: *Todo está en una misma gigantesca tienda en nuestro país.* Aquí todavía había especialistas: panaderos, queseros, agricultores orgánicos, no solo alimentos industrializados enviados en camiones.

A veces, Alice se detenía y hablaba con alguien. Conocimos a una mujer blanca de Virginia. Después con un hombre ecuatoriano. Alice podía cambiar de inglés a español como si tuviera un interruptor en la lengua. No importaba con quién nos encontráramos. Era como si pudiera responder en el idioma adecuado. Nos encontramos con un joven viajero sin camisa de Europa del Este que había estado en Vilcabamba durante varios meses. Alice probablemente sabía cómo hablar con él, ya que sabía ruso; sin embargo, él quiso hablar con nosotros en inglés. El estilo de vida relajado de Vilcabamba ha ganado la atención mundial como un lugar privilegiado para vivir. Es un imán para los vagabundos terrenales, o hippies, como los llaman algunos.

No llegaría a conocer Vilcabamba de inmediato. Había algunos aspectos de vivir en la casa de Alice que no entendía. Antes de venir, no me di cuenta que había una barrera de ocho kilómetros entre Vilcabamba y su finca. No sabía que rara vez iba a la ciudad y que solo lo hacía para visitas breves. Literalmente no sabía qué esperar para el futuro. Simplemente estaba en el sur de Ecuador, respirando aire y siendo un ser humano.

Eso ocurrió ayer. Y esa fue mi primera impresión de Vilcabamba. Ahora, acababa de despertarme de una siesta después de ese tramo de viaje de veintinueve horas. Estaba en una cama cubierta por una mosquitera celeste. Alice me había sugerido que tomara una siesta en el extremo inferior de la propiedad. Me arrastré fuera de la cama, me puse de pie y salí para echar un vistazo.

Estaba de pie en el balcón cubierto del segundo piso de una casa sumamente rústica de 240 metros cuadrados que mis amigos usaban como un *bed and breakfast*. Arriba, había tres dormitorios. Cada uno tenía su propio baño. Había un salón para invitados, amueblado con sillones y sofás algo lujosos. En la planta baja, había dos baños, uno para varones y uno para mujeres, una espaciosa área de entretenimiento y una cocina completa. Yo era el único invitado y tenía todo el lugar para mí. Me invitaron a elegir una de las habitaciones de arriba como mi hogar durante mi estadía. El edificio era sorprendente en cuanto a su apariencia. Una mezcla de troncos teñidos de color cereza y una construcción de estuco blanco me llamó la atención. En la parte trasera, la verde pendiente vertical de la montaña parecía hacer que la casa resaltara de su entorno. Ambos pisos tenían baldosas blancas brillantes en todas partes que se extendían hacia el exterior, donde también se usaban como piso para el balcón envolvente en el que me encontraba. La barandilla estaba hecha de ramas de árboles. Cada uno había sido despojado de corteza, teñido y sellado. Las extremidades naturalmente curvas se habían cortado para encajar entre sí, creando un flujo orgánico. Sin duda esos notables pasamanos eran el aspecto que más me gustó del edificio. Un techo de terracota de color naranja brillante remataba el lugar como un fino sombrero.

El solo hecho de mirar el edificio a unos treinta metros de distancia traía una sonrisa a los labios y despertaba un profundo encanto. Desde esta distancia, se podía notar cómo los troncos oscuros del segundo piso contrastaban perfectamente con el estuco exterior blanco del piso inferior. Las altas ventanas con la parte superior redondeada complementaban la sensación rústica del edificio. Este lugar era una escapada increíblemente imaginativa y acogedora. Me quedé anonadado por la fortuna de estar allí.

Mirando directamente desde el balcón del frente, una cordillera andina verde exuberante y boscosa ascendía unos quinientos escarpados metros al otro lado del río Vilcabamba. A mi izquierda, el río había formado una brecha en las montañas por la cual los elegantes amaneceres arrojaban su luz sobre la propiedad. A mi derecha, los picos de las montañas estaban en capas de menor a mayor hasta el horizonte elevado. Y todos eran tan novedosos como yo lo era para Ecuador.

Una vez despierto, fui simultáneamente estimulado por mi hermoso entorno y dominado por el pensamiento de "¿y ahora qué?". ¿Qué había que hacer durante tres meses? ¿Cómo es exactamente *ser* extranjero? Naturalmente, quería investigar, tomar un montón de fotos y compartirlas con mi familia. Todos estarían felices de que hubiera sobrevivido. Entonces, esa fue mi primera acción.

Agarré mi cámara de video y caminé hasta el área despejada más alta de la propiedad. Lo único que había por encima de este punto era una ladera empinada con mucha vegetación. Había un pequeño edificio de bloques en construcción a mi lado. Una vez completado, albergaría un tanque de aislamiento sensorial. Desde este punto, podía ver la mayor parte de la propiedad. Habían unas veinte hectáreas de tierra vacía. Algunas se habían utilizado para futuros lotes para construcción. Otras habían sido taladas para plantar caña de azúcar, árboles frutales, bayas, pastos y jardines de flores. Esta vista parecía ser la del Jardín del Edén.

Al frente, un árbol de papaya tenía un montón de frutas casi maduras. Había mandarinas de color naranja brillante, mangos y limones de una variedad más dulce justo al final de la colina. Debajo de los árboles frutales, había un huerto lleno de hojas verdes listas para complementar cualquier ensalada. A la derecha, había un barranco con un árbol de aguacate del cual pendían aguacates del tamaño de latas de café. ¡Eran más grandes que las papayas!

Desde aquí solo podía vislumbrar el río Vilcabamba, pero podía escucharlo claramente. Era un rápidos veloz, el sueño de un kayakista. Cuando me di vuelta, vi que el ambiente se parecía al de una aldea secreta. Entre la robusta vegetación, pude divisar una docena de techos de terracota a lo largo del camino rural. Las impresionantes montañas nos rodeaban por completo. A 800 metros de distancia, la carretera se perdía de vista en una curva cerrada. ¿Conduciría a otra comunidad montañosa escondida? No lo sabía.

Bajé la colina para descubrir más. Mis amigos habían construido un sendero de piedra desde la parte superior de la propiedad hasta la puerta del B&B. Tenía varios cientos de metros de largo. A ambos lados del camino, la gran cantidad de vida vegetal produciendo alimentos planteaba una pregunta: *¿Cómo podemos comer todo esto?* Descubrí que no podíamos.

La casa de Alice estaba en esta zona superior de la propiedad. Era un edificio de un piso con un techo inclinado y poco profundo. Al igual que el B&B, su pórtico cubierto tenía los mismos pasamanos llamativos. Las paredes exteriores eran de estuco suave color arena. En el interior, el techo se elevaba unos cinco metros en un extremo y descendía a unos tres metros en el otro. Había una despensa y un baño privado.

Pero el resto de la casa formaba un solo gran salón. La pared más alta era casi toda de vidrio y daba a la brecha en las montañas, una vista de un millón de dólares. Habían quitado un poco de tierra en la parte trasera de la casa, dando a la estructura la sensación de ser parte de la ladera. En general, era un edificio mucho más pequeño que el B&B donde me alojaba. Llegué a pensar en su casa como un *bungalow*. No tenía ángulos fríos y agudos, y su carácter general parecía derivado de la eficiencia y suavidad de la naturaleza.

Más adelante en el camino, una arboleda de plátanos cuidados hacía compañía a dos estanques de peces llenos de pequeñas tilapias. Al madurar, agregarían otro elemento al menú de comida de la granja. Más allá de los estanques, que se encontraban entre otra docena de árboles de mango, un tinglado albergaba todas las herramientas necesarias para mantener el brillante nivel de cuidado dado a la tierra. Esta era la oficina, por así decirlo, de los tres cuidadores de tiempo completo de la granja. Dentro de su tinglado, los plátanos maduraban en un barril y los machetes esperaban el trabajo de poda. El combustible y la madera se almacenaban junto con el equipo de procesamiento y recolección de café. Estaba más cerca del paraíso desde que se cultivaba café aquí.

Las flores crecían por todos lados en la granja. Piensa en un color. Había una flor de ese color. Pregúntame qué tipo de flores eran, y no sabré qué decirte. Eran especies completamente nuevas para mí, todas ellas. El camino de piedra conducía a dos acres de hierba alta que hacían frente al B&B, pero no era un jardín. Era más como un pastizal adonde, me enteraría después, un lugareño traía a dos de sus enormes toros para pastar.

Los días siguientes estarían llenos de micro descubrimientos, como los toros apareciendo de repente una mañana para pastar. Hubo una tarde en la que me topé con una babosa chata. Tenía un tamaño similar a los que conocía en la costa este de Estados Unidos, pero su cuerpo era dos veces más ancho que alto. Otra mañana, encontré un murciélago gris con nariz de cerdo. Las ardillas de la granja eran una combinación de pelaje naranja, negro, gris y blanco. Nunca había visto eso antes. Estaba seguro de que había más de una especie de araña; sin embargo, solo encontré una, de forma idéntica a la araña de jardín negra y amarilla de mi estado natal.

Además, las noches proporcionaron descubrimientos de todo tipo. La primera noche me picó un mosquito en el pie. Durante las siguientes dos semanas, el lugar seguía picando. En mi país, el picor suele durar veinte minutos. A última hora de la noche, noté que las luciérnagas de Ecuador parpadeaban con un patrón rápido de tres parpadeos, a diferencia de las de un solo parpadeo de América del Norte. Había imaginado el cielo con el aspecto de millones de puntitos brillantes. Después de todo, no estábamos ni cerca de la contaminación lumínica de una ciudad importante. Aunque por una razón que no pude entender, el cielo nocturno de aquí era tímido a la hora de compartir la luz de sus estrellas.

Sin una pizca de duda, lo que más me sorprendió fue un descubrimiento nocturno durante mi tercera noche allí. Era alrededor de la 1:30 de la madrugada. Me había despertado debido al ruido de un animal que parecía ser demasiado grande y estar demasiado cerca. La habitación en la que había elegido vivir tenía una ventana que daba a la parte menos trabajada del pasto. El borde del bosque estaba a solo seis metros de distancia. Desde algún lugar justo debajo de mi ventana, un gemido felino estalló en mi habitación. Un gato doméstico siendo marcado con hierro candente no podría haber lanzado un sonido tan profundo. Sin lugar a dudas, había un gato grande justo afuera de mi ventana. Lo peor es que mi ventana estaba fortificada con solo un endeble mosquitero.

El ruido hizo pasar un rayo por mi columna vertebral. Me quedé tumbado en silencio, solo escuchando. Me pregunté si podría olerme. *¿Será un jaguar?* Eso fue todo lo que pude pensar. Bueno, eso, y *¿Cuándo se abrirá paso a través de esa pantalla?* La abertura tenía contraventanas de vidrio, que para algo servirían si hubiera tenido el coraje de moverme para cerrarlas. Lo último que quería era ir en esa dirección, o peor, ver a un jaguar mirándome. El ruido se escuchó cuatro o cinco veces más. Me di cuenta de que se movía hacia adelante y hacia atrás, como tratando de averiguar cómo atravesar la ventana. Luego se alejó como en dirección al río. Apenas dormí el resto de la noche.

Por la mañana, les conté a mis amigos lo que había escuchado. Tardó a que creyeran en lo que les decía. Sugirieron que era solo un gato callejero. Yo no lo aceptaba. Nunca me había asustado el ruido de un gato doméstico. Lo extraño fue la falta de intensidad en el sonido del gato, pero lo profundo que era. Cuando los gatos domésticos ordinarios alcanzan su umbral superior de sonido, se puede determinar fácilmente que están bajo un estrés extremo. El animal que escuché estaba lejos de estar estresado y habría sido terriblemente ruidoso si lo hubiera estado.

Tras un momento de reflexión, Alice sugirió que podría haber sido un tigrillo. Los tigrillos son felinos manchados de color amarillo y negro, un poco más grandes que un gato doméstico. Casi podría estar de acuerdo con esto si no hubiera sido por el profundo sonido. Con un poco de investigación, descubrí que no se sabía que los tigrillos habitaran esa parte de Ecuador.

La curiosidad me instó a comprobar dónde se encontraban los jaguares. En el pasado, de hecho, habitaban en todo el país. Ahora, la población más amplia se encontraba al este de los Andes de Ecuador. Más investigación confirmó incómodamente que algunos jaguares salvajes se podían encontrar a treinta kilómetros de Vilcabamba en el Parque Nacional Podocarpus. Dado el rango de hogar promedio de un jaguar macho de hasta ochenta y cinco kilómetros, mi visitante nocturno podría haber sido uno de ellos.

El sonido era muy parecido, pero la probabilidad de que de verdad fuera un jaguar era baja. Estos animales prefieren los densos bosques nubosos que se encuentran en el parque nacional. *¿Qué más podría ser?* Los pumas alguna vez vagaron por la zona. Pero hacía tiempo que no estaban en esa parte del Ecuador. Eso dejaba una posibilidad más: el ocelote. Los ocelotes son del tamaño de un lince, nativos de todo el Ecuador. Pesan hasta 16 kg, lo que podría hacerlos capaces de un ruido tan profundo. Sin embargo, los videos de linces bajo estrés extremo que había visto todavía no confirmaban que emitieran el profundo ruido felino que escuché. Puede que nunca sepa exactamente qué era. Durante el resto de mi estadía, el gran felino regresaba como un reloj cada dos semanas, siempre haciendo los mismos ruidos incómodos. Lamentablemente nunca tuve el valor de acercarme a la ventana para echar un vistazo.

Cada noche, cenaba con mis anfitriones en su *bungalow*, usaba su wifi, ya que el B&B no tenía, y daba un largo y oscuro paseo por el sendero de piedra. Caminaba por los pastos, pasaba por las arboledas de mangos y llegaba al B&B para dormir. El ocelote, jaguar o monstruo del bosque ecuatoriano siempre estaba en mi mente. Durante el día, las grandes hojas de plátano de la finca, la espesa flora y la arboleda de mangos suministraban la esencia del paraíso. Por la noche, proporcionaban el escondite necesario para que un jaguar se abalanzara sobre mí mientras yo pasaba armado con una linterna. La caminata nocturna nunca se volvió cómoda.

Aparte de eso, y teniendo un hambre interminable, pasé mi primera semana esencialmente en la granja y en un paraíso en la montaña. Tomó algunas semanas aclimatarse a la nueva dieta. Mi apetito americano, tan alto en carbohidratos, me recordaba agresivamente que debería comer más. Las comidas habían sido de la preferencia del anfitrión. El desayuno solía consistir en un revuelto de huevos cargado de verduras. El almuerzo podía ser sopa con una rebanada de pan artesanal y un poco de queso elaborado localmente. Para la cena, comíamos un tazón enorme de ensalada de frutas cultivadas en la propiedad. Estaba llena de papaya, aguacate, mango, plátanos, mandarinas, moras. La dieta era fantásticamente saludable y muy poco familiar. Ir a McDonald's para comprar hamburguesa y papas fritas no era una opción. Y dejar la granja solo para buscar comida a la que estaba acostumbrado tampoco era una opción todavía. Entonces, comí lo que me dieron y escondí mi hambre.

Durante la primera semana, no pude escapar de la granja por mi cuenta. Estábamos detrás de un portón cerrado. Solo había estado en la ciudad dos veces, con Alice, cuando ella necesitaba suministros. Sentía cierta aprensión por dejar a este lugar recién conocido por mi cuenta. Más tarde me enteraría que había tres formas de salir de la granja. Podía caminar, tomar un taxi o viajar en autobús. El horario del autobús era tan extraño como toda esta experiencia para mí.

Tener un transporte de este tipo recorriendo caminos rurales sin nombre era aún más extraño. Para los estadounidenses que no estén acostumbrados, intenta imaginar un autobús de pasajeros de gran tamaño operado a diario que preste servicio a las granjas rurales de Kansas, o en lo profundo de las montañas de Colorado, o en las sinuosas carreteras secundarias de Maine. ¿No parecería algo fuera de lugar? Sin embargo, así funcionaban las cosas aquí: intensamente rural y con muchos servicios. Quizás la gente tenía dificultad para comprar autos. Esa era probablemente la razón por la que existía el servicio de autobuses. Nunca descubrí si se trataba de eso, ya que nunca quise hacerles preguntas a los ciudadanos de mi país anfitrión con respecto a sus finanzas personales. Hubiera sido de mala educación. Cuando Alice mencionó por primera vez un autobús que pasaba por su calle, pensé que estaba loca. Ella no lo estaba. Pasaba por la finca cuatro veces al día.

Tomar un taxi dependía de la suerte. Si bajábamos por el sendero, cruzábamos el puente peatonal y subíamos la colina hasta la carretera, y un taxi pasaba en quince minutos, entonces teníamos suerte. Si no pasaba, ¿quién sabría cuándo pasaría el próximo? Podría ser en una hora o después de varias. Podría llamar a los taxistas si tuviera un teléfono, pero ni mis anfitriones ni yo teníamos uno que funcionaran.

La última opción era caminar. Dejar la granja por mi cuenta era cuestionable. Tendría que pedirle a Alice una llave del portón o treparlo. Luego, tendría que caminar ocho kilómetros hasta Vilcabamba. Durante estos primeros días, no entendía la naturaleza de los ecuatorianos lo suficiente como para caminar por una carretera con ingenuidad y confianza ciega hasta la ciudad. En esos dos viajes a la ciudad con Alice, me di cuenta más claramente de que la carretera estaba bordeada por algunas granjas agradables y otras no tan agradables. No se me escapó que podría desaparecer si me encontraba con la persona equivocada en algún momento.

Entonces, estaba atrapado en la hermosa propiedad con un tremendo descubrimiento a la vuelta de la esquina. Fue más inquietante que la visita del felino nocturno. Me dieron muchas ganas de volver a casa.

Llevaba ocho días en Ecuador. Ya había desarrollado una especie de patrón con respecto a la rutina diaria. El desayuno, el almuerzo y la cena eran aproximadamente a la misma hora. Y también terminábamos nuestra velada aproximadamente a la misma hora. Era momento del almuerzo cuando mis ganas de volver a casa se abrieron paso.

Acabábamos de comer y cumplí con mis deberes lavando los platos. Alice se estaba preparando para aplicar una crema tópica en la pierna de Dan. Sufría de hinchazón y decoloración antinatural. Dan estaba en el baño. Era un hermoso día. El lavado de platos fue sencillo, y fuera de la ventana había una hermosa vista hacia el jardín, lleno hierbas y con un árbol con forma de palmera. Estaba concentrado por la serenidad y mis circunstancias afortunadas.

Dan pasó detrás de mí, dirigiéndose a su mesa de masajes. Alice estaba esperando y lista para aplicar la crema. Apenas lo había notado cerca de mí. Puse el último plato en la rejilla de secado, y giré a la derecha hacia la mesa de la cocina donde estaba mi computadora portátil abierta. Normalmente, la pernera del pantalón de Dan estaría enrollada para permitirle a Alice acceder al área afectada: su pantorrilla y su pie. Hoy, ese método había cambiado.

Mientras leía algo en internet, mis ojos vagaron hacia arriba y se enfocaron inocentemente en su dirección. Alice estaba masajeando su pierna con la crema y la parte superior de la cabeza de Dan estaba vuelta hacia mí. Pero algo no parecía estar bien. En solo milisegundos, me di cuenta de que Dan estaba completamente desnudo de la camiseta hacia abajo. Había visto su pubis y piel, y nada más. Mis ojos cayeron como ladrillos de plomo de regreso a la pantalla de mi computadora portátil. Podía sentir una ola de calor deslizarse desde mi corazón hasta mi cara, impulsada por un huracán emocional de pensamientos. *¿Qué demonios están haciendo?*

Cada parte de mi decente naturaleza fue acosada en ese momento. Entonces, me di cuenta de otra cosa. Dan había salido del baño y caminado detrás de mí, vistiendo nada más que una camiseta. Le había oído subirse a la mesa sin primero quitarse los pantalones. *¿Por qué?* fue mi siguiente pensamiento. *¿No les importa que esté sentado aquí frente a ellos? ¿Qué hago ahora?* Internamente me estaba volviendo loco, sabiendo que por fuera parecía un rábano. Sabía que tenía que mantener una expresión facial totalmente inexpresiva. No necesitaban saber cómo me sentía acerca de su extraño comportamiento hasta que descubrí cómo lo manejaría. En menos de treinta segundos, cerré suavemente mi computadora portátil, me levanté con calma y salí por la puerta en silencio. Tenía que salir de allí. De donde soy, los hombres no dan vueltas desnudos por la casa cuando tienen invitados.

Afuera, en el patio, mi mente se encontraba a toda marcha y las ganas de ir a casa se estaban creciendo rápidamente. *¿Qué hago? ¿Qué debo hacer? ¿En qué me he metido? ¿Son swingers? ¿Eso fue una forma de presentarme sus intenciones?* Estaba entrando en pánico. No iba a fingir lo contrario. Quería irme a casa. ¡Quería estar a un millón de kilómetros de distancia! *¿Quién diablos es esta gente?*

Cuando mi cerebro se calmó lo suficiente como para elaborar un plan, volví a abrir mi computadora portátil y entré en los sitios web de las aerolíneas. Quería terminar el viaje en ese momento. Revisé un sitio, luego otro y otro. El vuelo más barato que pude encontrar estaba a 1100 dólares. Todo el valor monetario que tenía llegaba a solo la mitad. Y con la sencillez de este obstáculo financiero, mi destino estaba sellado. Estaba atrapado en Ecuador, en esa propiedad y con ellos durante tres meses.

Existía la opción de enviar un mensaje a casa y pedir dinero a mis padres o a mi hermano. Me hubieran ayudado sin dudarlo. Pero la vergüenza y el orgullo mantuvieron mis labios sellados a ese respecto. Esta no era la primera vez que me encontraba en un aprieto fuera de casa y necesitaba ayuda financiera. La descabellada idea de venir a Ecuador no fue vista como sabia por la mayoría de mis conocidos. Ser rescatado por los fondos de otro sería un verdadero testimonio de lo estúpido que podía llegar a ser. Cualquier viajero sabio con dos neuronas no se iría a Sudamérica durante tres meses con 579 dólares. ¿Qué estaba pensando? Solo ahora podía ver la ingenuidad en todo esto. Me vi obligado a recordar el viejo dicho: si eres tonto, más vale que seas fuerte.

No estoy seguro de si Alice y Dan estaban al tanto de mi abrupta salida de la habitación, o de lo que estaba haciendo afuera en mi computadora. Pero sabía que podían verme a través de la pared de cristal del *bungalow*. Nunca me di vuelta para mirar hacia dentro. En lugar de eso, bajé la colina y me fui a mi habitación, con las ganas más fuertes de irme a casa que jamás había experimentado. *¿En qué me había metido?* La pregunta se repetía en mi mente. Lo que al principio había parecido un paraíso, ahora se veía oscuro y confinado. Durante el resto del día, me escondí en el B&B. La situación me tenía totalmente enfermo.

Por la mañana, si quería comer, sabía a dónde tenía que ir. Tendría que volver a subir la colina y relacionarme con estos extraños, ahora bizarros. La mañana vino con el hambre. La idea de hablarles era terriblemente incómoda. Pero tenía que hacerse. El B&B era un desierto de comida en ese momento. Había fruta en todos lados, pero mi cuerpo ansiaba más que eso. Entonces, sin un plan sólido, y un defecto de carácter de ser una persona patéticamente agradable, simplemente permití que un pie siguiera al otro hasta que llegué a la puerta. La confrontación era lo último que quería. Era algo tan molesto que preferiría estar a favor del viento de una tubería de alcantarillado.

Entré y actué como si nada hubiera pasado. Eso es lo que hace la gente como yo. Empujamos para dentro de nosotros, a lo más profundo, lo que está abrumadoramente en el frente de nuestros pensamientos. Ellos hicieron lo mismo, al menos en la superficie. Parecía un día más en el paraíso.

Las cosas quedaron así por casi una semana, hasta que se dio la ocasión para que Alice y yo habláramos. Necesitaba tener una respuesta concreta para que el viaje a Ecuador no fuera algo lamentable. Ella había venido al B&B para hablar. Lo más cortésmente posible, dimos un paseo verbal por la situación. Ella explicó quién era Dan, sus experiencias, su educación y su nivel de comodidad. Me dio ejemplos que tenían sentido para mí. Sin embargo, eran ajenos a las experiencias que yo había tenido.

Comenzó diciendo que Dan era californiano. En un sentido estereotipado, ella habló de su naturaleza como relajada, abierta, segura y californiana. Ya había deducido esto sobre él. Hablamos sobre las actividades en las que él había participado de joven: movimientos hippies de pensamiento libre. Hablamos de cómo habían cambiado las cosas con respecto a la desnudez y el conservadurismo entre los años sesenta y ahora. Por ejemplo, Dan había crecido duchándose con los demás después de la clases de gimnasia. Yo no había vivido eso. No era algo que hiciéramos en Virginia Occidental en los noventa. Íbamos a la siguiente clase sudando. Para Dan, la desnudez no era gran cosa. Para mí, se reserva para las citas románticas.

Tanto Alice como Dan mostraban una comodidad inquebrantable en su propia piel. Era yo quien podía necesitar relajarme. Podría intentar ser una persona más abierta. No estoy diciendo que necesitara convertirme en nudista o incluso sentirme cómodo con su extrema apertura. Sin embargo, parte de la razón para venir a Ecuador era el crecimiento personal. Eso ya se estaba manifestando.

Para expandir aún más este crecimiento, tendría que descubrir cómo moverme en Ecuador por mi cuenta. Primero, comencé por ir hasta a Vilcabamba y regresar. Era el final de la segunda semana y el autobús pronto estaría en camino. Le pedí a Alice que abriera el portón. Bajé la colina, crucé el puente colgante y llegué al final del sendero.

Al otro lado de la calle había una antigua granja típica de la zona. Estaba decaída, gris y sin pintar, encarnando un poco el *hazlo tú mismo*. Desempeñaba el papel de correo y parada de autobús para los lugareños. Había algunas personas paradas allí. Me acerqué con un "Hola". Recibí lo mismo a cambio, así como más palabras en español que pude no entender. Creo que estaban tratando de averiguar quién era y de dónde era. Entonces, respondí con "El Estados Unidos". Al menos había entendido eso. Querían saber si me quedaría con Alice y por cuánto tiempo. Mi español era horrible para este nivel, pero capté la idea de las preguntas. Respondí lo mejor que pude.

El autobús dobló la esquina. Unas cuantas manos se alzaron para detenerlo. Abordamos. Pagué la suma de veinticinco centavos americanos. El viaje fue de solo ocho kilómetros, pero parecía una aventura. La gente me miraba. Miré hacia atrás, buscando a quien podría causarme problemas. Nadie lo hizo.

El autobús se movía de un lado a otro en las verdes curvas de la montaña. Presté extrema atención a mi entorno, notando posibles puntos de referencia. Estos serían vitales si perdiera el autobús y tuviera que caminar de regreso o pedirle a un taxista que regresara. Es algo extraño sentirse nervioso y asombrado al mismo tiempo. El paisaje me tenía tan impresionado como un joven mirando a su nueva novia. Quería ir a la ciudad. Quería estar entre estas montañas. Quería experimentar una cultura diferente a la mía, pero también sentirme lo suficientemente seguro como para regresar a Virginia Occidental con historias para contar.

En Vilcabamba, el autobús se detuvo y me bajé. Alice me había hablado de un lugar llamado Timothy's. Dijo que tenían unas hamburguesas estupendas. Dada la dieta perfectamente saludable que estaba teniendo, estaba listo para una hamburguesa y una cerveza.

Timothy's estaba a un par de cuadras de la parada del autobús. Me invadió un sentimiento al caminar hacia él. Ahora, finalmente estaba *siendo* un extranjero. Estaba averiguando la disposición del terreno y moviéndome por mi cuenta. Estar atrapado detrás del portón cerrado de la granja en compañía de dos angloparlantes no me había proporcionado la experiencia de sentirme verdaderamente extranjero. Los primeros días se habían sentido similares a unas vacaciones, pero ahora, mientras caminaba solo por Vilcabamba, un estado reactivado de mayor alerta me quitó la diversión de estar fuera de casa.

Esa paranoia proviene de ser el tipo de persona que nunca espera que todos a mi alrededor me quieran o me den la bienvenida al instante. Es un defecto de carácter desarrollado a partir de mis experiencias escolares juveniles. Más que ser buscado para amistad, experimenté ser buscado para blanco de las bromas, por ser pobre y pelirrojo. Aprendí que cualquier cosa puede suceder en cualquier momento y con cualquier persona, sin importar mi corazón o mis intenciones. Mi *modus operandi* es "más vale estar atento".

No tuve problemas para llegar a Timothy's. Sorprendentemente, era todo lo que esperarías de un bar de Estados Unidos. Objetos de recuerdo cubrían las paredes con tal cantidad y colores que mis ojos permanecieron ocupados. Me sentía en casa. Todavía me estaba abriendo camino en este nuevo país. Pedí una hamburguesa, papas fritas y una cerveza. Me senté en su patio exterior y abrí mi libreta. Había llegado el momento de anotar cómo habían sido estos primeros días mientras aún estaban frescos. Y, por Dios, los primeros bocados de esa hamburguesa fueron un cambio increíblemente bienvenido en relación a la cocina saludable que había estado consumiendo.

Mientras estaba sentado allí, la gente paseaba por Timothy's de una manera poco impresionada. Si eran locales, actuaban como tales. Si eran forasteros, trían una mochila y parecían estar buscando su alojamiento. Nadie parecía estar ansioso. Más inesperado de lo habitual, tomar la cerveza alivió la tensión en mis hombros tanto que pude respirar más libremente que en las semanas anteriores. Podía sonreír y relajarme mientras convertía todo lo que había sucedido en notas. Pude mirar a mi alrededor y apreciar los distintos estilos de construcción. Pude apreciar que estaba en un país extranjero. Fue la primera vez que me sentí realmente cómodo estando en Ecuador. Finalmente estaba aquí y estaba feliz por eso.

Una Navidad en familia

Cuando era pequeño, la Navidad tenía toda la magia que un niño puede esperar. La familia venía de tierras lejanas, como el otro lado del condado o el estado vecino, para reunirse como una unidad. Para mí, algunos eran héroes, mientras que otros eran amigos, tías, tíos y primos. Por supuesto, la lejanía en ese entonces se sentía mucho más imponente que ahora. Crecer y aprender a conducir tiende a encoger el mundo.

En ese entonces nos reuníamos en la casa de la abuela. Ella era el pegamento que mantenía unida a la tribu. La razón de que ese momento fuera tan especial. Sus hijos e hijas recogían a sus pequeños y los llevaban a una alegre comunión en su estrecha y acogedora casa. El espacio limitado hacía que la sensación fuera aún más personal. Era justo lo que se necesitaba para aprovechar al máximo el día del año en el que tenía la garantía de ver a algunos de mis parientes favoritos. Los regalos y el tiempo de juego eran lo único que importaba entonces. La tradición continuó y nos hicimos mayores.

Luego, en 2006, la tradición se detuvo. Tenía veinticinco años. El pegamento necesario para la temporada hbía desaparecido. Nuestra familia perdió a nuestra madre, a nuestra abuela y, para algunos, a nuestra bisabuela. Con veintitantos años, supongo que todavía no había aprendido lo suficiente para predecir el final de esas mágicas Navidades. Cuando llegó la Navidad del año siguiente, todo fue mucho más silencioso. Y así habían sido desde entonces. Hasta Ecuador.

Dos semanas antes de Navidad, recibimos una invitación para celebrar la Navidad con Iliana, la doctora de Alice. Su oficina estaba en Loja. Alice, Dan y yo fuimos a casa de Iliana para un tratamiento programado en la pierna de Dan. Iliana había estado trabajando en eso durante un tiempo. Ella le había aconsejado que usara un calcetín de compresión especializado y mantuviera la pierna elevada.

Ver a Iliana por primera vez, mientras ejercía su trabajo, dio a luz una sonrisa que me vi obligado a reprimir. Llevaba puesta una falda y era muy atractiva. Dada una especie de perspectiva superficial en mí que todavía tenía que madurar, era difícil verla como médica. Me resultó imposible ignorar su atuendo y su buen aspecto en general. Su maquillaje era insuperable. Con su cabello perfectamente peinado emitía una señal como si supiera que era atractiva. Yo era una antena captando esa señal. No puedo mentir. El hecho de que yo no pudiera entender nada de lo que estaba diciendo la hizo aún más intrigante.

Ahora, en nochebuena, fue un placer abordar el autobús y recorrer el impresionante paisaje hasta Loja, y

56

volver a ver a Illiana. El camino pavimentado entre Vilcabamba y Loja imitaba una técnica utilizada en la construcción de senderos que había notado en partes del Sendero de los Apalaches. Para conquistar las escarpadas laderas de los Andes, estos caminos se diseñaban en un continuo zigzag. Yendo y viniendo, los caminos iban en dirección perpendicular a la subida de las montañas. Había kilómetros de solo pequeños aumentos de elevación. Íbamos un kilómetro en una dirección, luego daríamos un giro de 30 grados y viajaríamos otro kilómetro en la dirección opuesta. Llegaríamos a una curva cerrada y luego subiríamos lentamente hacia otra curva cerrada. Para aquellos que sienten náuseas con facilidad, y yo soy uno de esos, los zigzags eran un desafío. Se amplificaban por la fuerte aceleración y desaceleración de un conductor de autobús que intentaba llegar a tiempo. Afortunadamente, el paisaje eliminó la mayor parte del enfoque de mi mente y fue lo suficiente como para combatir las náuseas.

Una vez en Loja, descendimos en la terminal de autobuses que me había asustado tanto un par de semanas antes. La oficina de Iliana estaba a una milla de distancia. Decidimos caminar. Sentí un gran placer al notar las novedades de la ciudad de Loja. Aquí había postes telefónicos de hormigón. Algunos eran redondos y otros cuadrados. A menudo tenían agujeros estructurales diseñados en ellos. Los autos que pasaban eran de modelos más pequeños que los de Estados Unidos. Eran nuevos y limpios. En resumen, nada parecía extraño en ellos. Simplemente parecían tener poca potencia. Me pregunté si serían modelos de tres cilindros. La gente vestía muy bien y caminaba con smartphones. Esto no debería haber sido una sorpresa. Pero yo todavía era bastante nuevo en esto de estar en un país extranjero.

La oficina de Iliana coincidía con un patrón que noté en Vilcabamba. Estaba detrás de un portón cerrado, un portón cerrado alto y muy resistente. Mi mente no pudo evitar preguntarse cuál sería la razón para fortificarse de esta manera. Me preguntaba: ¿estará Loja plagada de crímenes o la policía será pésima? En Estados Unidos, una entrada fortificada puede significar que estás ingresando a una instalación del gobierno, un vecindario de clase alta o un rancho lleno de ganado en busca de salidas. Pero estos ejemplos son difíciles de evocar, dado el uso escaso de muros y puertas pesadas. Las vallas allí son una historia diferente.

La puerta de Iliana estaba abierta. Una vez dentro, un sistema de timbre le permitió saber que éramos nosotros. Abrió la puerta de forma remota. Esta vez, fuimos más allá del consultorio del médico. Subimos a su casa. Esto me sorprendió. Era el tercer y último piso del edificio. En el interior, un diseño contemporáneo daba una sensación de condominio. Los techos abovedados y una paleta de colores claros le daban al lugar un aire de ser más grande de lo que era. En un rincón del salón, un belén representaba la época navideña.

Iliana y su esposo Carlos nos recibieron de una manera sumamente hospitalaria. Me sentí como un amigo en menos de cinco minutos. Había conocido brevemente a Carlos en una de las citas médicas anteriores de Dan. Carlos había estado trabajando con Iliana en lo que parecía ser el papel de asistente médico, aunque no había podido verificarlo. Tampoco entendí entonces su relación con ella. Ahora, dentro de su casa, me di cuenta de que Iliana y él estaban casados. Una breve mirada a mi alrededor me mostró que él trabajaba en el consultorio médico, pero que su corazón pertenecía a la música. Era un músico profesional con una sala entera dedicada a sus instrumentos.

En media hora, Alice estaba conversando con Iliana en español. Dan se estaba ocupando de algunas cosas en internet. Había llegado a un punto en el que mi naturaleza incómoda comenzaba a mostrarse. Ya no podía seguir el ritmo de la conversación y estaba atascado sintiéndome un poco fuera de lugar. Después de hacer contacto visual y sonreír tantas veces, una voz interior me decía: Estás loco. Ni siquiera finjas. Recibí un consejo de Alice de que podía salir a la terraza y luego al techo de la casa de Iliana para estirar las piernas.

En medio del pórtico, un enorme tallo de plátanos colgaba, esperando a madurar, y la ropa se secaba en un tendedero. Personalmente, me encantó ver esto. En mi infancia colgábamos la ropa para que se secara. Mamá a menudo me mandaba sacarla del tendedero. Alice y Dan también colgaban su ropa en una cuerda en su bungalow. Aun así, no había pensado mucho en eso. Eran estadounidenses de una generación anterior, algo frugales y defensores del medio ambiente, yo conocía su punto de vista. Cuando vi esto en la casa de Iliana, me di cuenta de que todavía era algo común en Ecuador.

Yo estaba más que feliz con esta dosis extra de simplicidad. Las personas de orígenes rurales modestos no necesitan comodidades al alcance de la mano. Son más resistentes. La vida urbana te vuelve suave y a veces loco con todas las opciones que puedes tomar y todos los dispositivos que puedes tener. Las secadoras de ropa son una de esas. Son costosas tanto al comprarlas como en el uso de electricidad. Una mirada alrededor de Loja me mostró que casi todo el mundo colgaba la ropa.

Es muy práctico pero, de alguna manera, lo hemos superado en gran medida en Estados Unidos. Reflexionando, lo superamos tan silenciosamente que no puedo recordar el momento en el que ya no colgábamos la ropa. La contracara de la conveniencia de una secadora es tener una cosa más que nos mantiene adentro de la casa, más cerca del televisor, de los bocadillos y del sofá.

Dejé la terraza y pasé al techo de la casa de Iliana. Abrí una puerta que daba a un techo plano de hormigón sin barandilla. Desde aquí, la vista era notablemente similar a la del urbano sur de California. Aunque quizás más verde. Loja era una ciudad de 150.000 habitantes. La expansión de Los Ángeles no se correspondía en este contexto, pero las casas estaban construidas en las laderas de la misma manera que verías en Hollywood Hills. Era tan fuerte el recuerdo de ese estilo de desarrollo que si me dejaras en el techo de Iliana y me dieras un segundo para mirar a mi alrededor y responder dónde estaba, apuesto a que hubiera soltado un "Sur de California". Lo raro es que ya había tenido esta extraña sensación mientras caminaba por las calles de Vilcabamba. Dios, el terreno de Ecuador se siente como California.

Una diferencia significativa entre mirar al sur de California y mirar a Loja era el arcoíris de casas pequeñas y coloridas que salpican las laderas y sus techos de terracota. Quizás en ninguna parte de Estados Unidos exista una ciudad llena de casas y negocios pintados de manera tan colorida. Me sentí un poco mejor al percibirlo. Sintiéndome bastante cómodo, saqué mi cámara, caminé por el perímetro del techo y comencé a narrar un video para compartir con mi familia. Sonreía, señalaba y disfrutaba de la temperatura de veinticinco grados. El sol era abundante. Las cosas se veían hermosas.

Abajo, la calle estaba moderadamente llena de autos. En un automóvil naranja de una marca desconocida, un pasajero que viajaba me vio en el techo. Colgó hasta el torso por la ventana y me gritó. Me miraba fijamente. Su brazo se elevó por completo y la cereza del postre era el dedo que está entre el índice y el anular. Me quedé estupefacto.

Momentos antes, estaba en total aprecio por esta ciudad extranjera. Ahora, un sentimiento de mala acogida corría profundamente dentro de mí. ¿Qué me gritó?, no tengo ni idea. En un instante, el pensamiento de realmente necesito vigilar mi espalda aquí burbujeó a la superficie. Todo lo que había experimentado para ayudarme a empezar a sentirme cómodo en Ecuador se me escapó de las manos. ¿Expresó este hombre lo que realmente piensan de los extranjeros? Si caminara por estas calles solo, ¿me atacarían?

Seguramente, este hombre no podría conocer a un extranjero mucho más amable que yo y sin ninguna intención de traer negatividad a su tierra natal. Incluso sabiendo esto, la interacción me dejó internamente deprimido durante bastante tiempo. Externamente, lo reprimí. Era consciente de que acababa de ser el receptor de una iniciación verbal como las que usan algunos en mi país para expresar su odio hacia los extranjeros y las minorías. Es una sensación pesada. Es el sentimiento de que podría hacer del mundo un lugar mejor si todos tuvieran la oportunidad de enfrentar la humildad que nace de él. En cambio, la mayoría nunca abandona sus zonas de confort. Volví adentro. Pronto partiríamos hacia la casa del padre de Iliana en otra parte de Loja.

Cada parte práctica de mí sabía que estaba en gran compañía con Iliana y su familia. Aun así, el rápido encuentro con el hombre airado me hizo secretamente esperar que todos nos dieran la bienvenida a Alice, Dan y a mí en Navidad.

Bolívar, el padre de Iliana, era el pegamento que mantenía unida a la familia. Al igual que mi abuela, era el personaje central de esta Navidad. Familiares de todas partes vinieron a verlo y a pasar tiempo con la familia. Era un hombre de impecable pronuncia del español combinada con paciencia, sinceridad y escucha. La forma en que pronunció sus palabras, de manera tan clara y concisa, me hizo más fácil entenderlas. En nuestras breves interacciones, sospecho que se dio cuenta de que yo estaba escuchando e intentando comprender lo mejor que podía. Yo ya admiraba a este hombre por el papel que tenía y la innegable devoción que su familia tenía por él. Se contaban dieciocho personas, incluyéndome a mí, que estaban felices por estar juntos y acompañándolo.

Su casa tenía una pequeña cocina y una amplia sala de estar. La gran reunión hizo que la cocina se sintiera chica. Durante la primera hora me senté en una mesa de la sala de estar junto a una mujer y sus dos hijos. Alice usó su perfecto español para mezclarse. Dan se quedó casi siempre a su lado. En la mesa, una niña muy joven se atrevió a interactuar conmigo. Al darme cuenta que no había muchas palabras que pudiéramos intercambiar, le ofrecí mis gafas de sol. Se las puso y yo le saqué fotos. Luego, giré la cámara para que pudiera verlas. Estaba de acuerdo en empezar de a poco y terminar conociendo a todos, ya que yo era el extraño.

A medida que avanzaba la noche, las tensiones internas desaparecieron dentro de mí. Traté de mantener el ritmo lo mejor que pude. Seguí usando mi cámara para romper el hielo y me ofrecí a hacer fotos familiares para compartirlas después. La noche se convirtió en un momento increíblemente feliz, como los que yo extrañaba. La familia era brillante, divertida, acogedora y genuinamente agradecida con sus visitantes extranjeros. Incluso logré disfrutar de un par de risas sinceras.

Una vino cuando vi el pavo a través del vidrio de la puerta del horno. Alguien había colocado su cuello entre sus piernas de tal manera que parecía un pene apuntando hacia el norte. Aunque no pude entender la jerga con respecto a esto, no había dudas en relación a la señal, los gestos y las risas tontamente asociadas con el pájaro retorcido. Descubrimos que Carlos y el hermano de Iliana, que también se llamaba Bolívar, eran los responsables del estado del pavo. Me recordaron a uno de mis tíos y a uno de mis primos, los bromistas de la familia.

Hubo otro momento en el que alguien dirigió mi atención hacia una atractiva mujer de la familia. Había venido de visita desde la costa oriental de Ecuador. Era muy agradable a la vista y la había notado milisegundos después de llegar. Como escritor, de ser necesario, tengo muchas palabras, pero como extranjero al que le hubiera encantado hablar con ella, tener acceso a un millón de palabras en inglés era equivalente a tener cinta adhesiva sobre la boca. Mi delgada sonrisa era la única herramienta de comunicación que tenía. Intentar hablar con ella no llevaría a ninguna parte.

Aun así, no se trataba solo de eso. Se trataba de que una familia estuviera feliz y reunida como una unidad grande y amorosa. La Nochebuena concluyó con un retrato familiar. Configuré mi cámara Canon con un temporizador. Tomamos diez fotos rápidas, cada una de ellas un poco más tonta que la anterior. La toma final estuvo llena de sonrisas salvajes de oreja a oreja y manos en el aire. No podría haber pedido nada mejor.

Pero había mucho más. Ese fue solo el comienzo de su celebración navideña. Cada pequeño disfrute que obtuve de esa noche era suficiente para dejarme sonriendo. Sin embargo, era genial saber que todos pasaríamos el día siguiente juntos y que tendríamos una reunión aún mayor. Estaba aprendiendo esto sobre la marcha. Alice trató de ponerme al corriente, pero antes de ver cada nuevo aspecto de su celebración navideña, yo no tenía ni idea de lo que realmente sucedería.

Nos despertamos en casa de Iliana. Ella preparó un desayuno de huevos duros, algo de fruta y un tipo desconocido de pastel. Pasamos una mañana tranquila y después nos reunimos con la familia de Iliana en su casa compartida en otra parte de Loja.

Llegamos a una casa de construcción increíblemente básica. Detrás de otro portón cerrado y una pared de bloques, había algunas estructuras que se asemejaban a edificios agrícolas habitables pero muy deteriorados. Algunos eran como cobertizos cerrados. Una sección de la estructura principal parecía que alguna vez había sido usada como dormitorio. Estaba pintado de rojo vino con ventanas de un solo panel con adornos blancos. En su totalidad, el edificio más grande puede haber tenido diez metros de largo con techos de dos metros y medio. Tuve que bajar la cabeza para atravesar las puertas. Deduje que este lugar pudo haber sido un hogar de infancia para el abuelo de la familia. O puede haber sido el hogar de un miembro de la familia una o dos generaciones mayor que esa persona. Tuve la impresión de que no siempre había estado cerrado por una pared y un portón. Mi imaginación podía ver estas estructuras apoyadas solas en un campo mucho antes de que se erigieran los edificios vecinos.

Después de pasar por el portón y bajar cuatro o cinco escalones anchos desde la calle, se veía a la derecha la pared de ladrillo pintado de blanco de un edificio de dos pisos. La estructura principal estaba enfrente de mí, construida en forma de L hacia la izquierda. Inmediatamente al girar, un edificio separado, de construcción más primitiva, parecía usarse como cobertizo. Esas partes encerraban un pequeño patio que tenía una mitad cubierta con losa de hormigón y la otra con césped. Se había convertido en un patio de unos cinco por seis metros.

El clima del sur de Ecuador a menudo era tan perfecto que realmente no había surgido la necesidad de calefacción y aire acondicionado. Ese conjunto de estructuras eran huellas de una época en la que la gente podía haber vivido sin puertas ni ventanas. Y aunque se instalaron, probablemente se agregaron en un momento posterior. A veces todavía me maldigo mentalmente por no saber más sobre la historia de aquel hogar familiar.

Me intrigó en el sentido de que una casa familiar podría ser como el pegamento necesario después de perder a alguien que había mantenido unida a la familia. En uno de antiguos mis trabajos, había un empleado cuya familia era propietaria de una finca donde se reunían en las fiestas. Una vez que supe esto, instantáneamente me convencí de la idea. Pensé que algo así podría unir a mi familia otra vez. Aquí en Ecuador, la casa familiar había funcionado como un centro de reunión perfectamente compartido.

Al entrar en la vieja casa, se me aclaró cómo funcionaban las cosas. La familia de Iliana no usaba este lugar todo el tiempo. Solo estaba ocupado durante las fiestas. Las plantas estaban cubiertas de maleza. Las cosas estaban cubiertas y guardadas. Algunas de las mujeres comenzaron a limpiar la cocina y colocaron las mesas. Un par de hombres comenzaron a limpiar un lío de barro y agua que tenía algunas pulgadas de profundidad y obstruía un desagüe en la losa de concreto. Observé durante un minuto, sin saber qué hacer. Entonces pensé: Oye, solo soy un campesino de Virginia Occidental. Demos una mano a estos chicos.

Estábamos sacando barro a puñados; sin palas. ¡Olía horrible! Había pasado media hora y yo estaba cómodamente sucio hasta el codo. Lo último que quería retratar era ser un niño lindo y santurrón del primer mundo que tenía miedo de ensuciarse las manos. Después de todo, estas buenas personas planeaban alimentarnos. Ayudar era lo mínimo que podía hacer.

Más tarde, llegó un hombre corpulento de pelo largo con una guitarra y un par de parlantes en trípodes. Había una mesa frente a él que se estaba llenando de cosas para picar. Carlos sacó a la luz un delantal de cocina rosa de aspecto ridículo para manejar la parrilla. A estos muchachos les gustaba un buen fuego. Los vi usar un secador de pelo para intensificar la llama. Esto definitivamente me recordaba el ingenio de los montañeses. Me encantó, y si hubiera pensado que ellos entenderían, habría compartido un sólido "¡Yeehaw!".

A nuestro alrededor, iba llegando más y más gente. El lugar se veía más limpio y las cosas se estaban preparando para una celebración. El músico empezó a tocar. Supuse que eran canciones folclóricas tradicionales. Algunas podrían haber sido canciones de amor. La mayoría tenía ese tempo alegre y optimista que se encuentra en la música latinoamericana. Por supuesto, esta es una suposición no traducida. Quizá eran solamente canciones navideñas. No había forma de que lo supiera.

Mirando alrededor, veía caras sonrientes, niños, ancianos y un par de gatos callejeros jugando a pesar de que su hogar generalmente tranquilo estaba siendo tomado. Lentamente, durante la transición de la granja sin uso a un lugar de reunión de vacaciones, comencé a ver el atractivo de los edificios antiguos. El escenario era íntimo. No había duda de que algunos corazones estaban estrechamente conectados con el lugar.

El día avanzó. No podría haber querido estar en ningún otro lugar. Había sorpresas en cada momento. Una era una bebida caliente hecha de leche y azúcar de caña de color marrón oscuro. Una olla grande se hizo popular una vez que estuvo lista. Era increíblemente dulce, como un helado caliente. La cantidad de azúcar utilizada podría haber alimentado a cien colibríes de por vida. Era la primera vez que probaba esta bebida. Ciertamente tenía un sabor fantástico, pero no sería algo para tomar todos los días. Sin embargo, en los Estado Unidos, muchos de nosotros ingerimos azúcar en cantidades similares en los refrescos y bocadillos. Me serví solo dos veces.

Una sorpresa imprevista vino del hermano de Iliana, Bolívar, y sus tres hijos, Pablo, Ariel y María. Sus hijos sabían suficiente inglés como para que, combinado con mi español lentamente adquirido, pudiéramos conversar tan lentamente como conducir por una calle llena de baches. Era posible seguir avanzando lo suficiente como para llegar a donde queríamos llegar.

Sus hijos eran ávidos fanáticos del motocross. Esta fue la sorpresa. El motocross dominó mi vida cuando era adolescente y hasta mis veintitantos años. Estos jóvenes mostraban el mismo tipo de pasión en sus ojos y entusiasmo en sus voces que yo sentía a su edad. Sabes que es lo que más te gusta cuando te ves sonriendo salvajemente durante las conversaciones. Sabían de los hipódromos de motocicletas en todo Estados Unidos sin haber estado nunca allí. Algunos de sus corredores favoritos eran mis corredores favoritos. Su padre estaba igual de enganchado en la conversación.

Les conté que era fanático del corredor más famoso de Ecuador: Martín Dávalos. Martín fue uno de los grandes del mundo. Para entonces, había sido un piloto de motocross de élite patrocinado por una fábrica durante una década. En Estados Unidos, tuve la oportunidad de verlo correr una docena de veces. Esta conexión a través del deporte hizo de estos muchachos unos amigos instantáneos de toda la vida.

¿Podría la Navidad con esta familia mejorar más? Bueno, depende de si te gusta bailar. Si no te gusta, este sería el momento en el que el choque cultural te aplastaría. Si te gusta, sería el momento de tomar el centro del escenario y dejar salir un poco del alma. Me gusta bailar, mientras bebo. Entonces, con una mezcla de emociones, y mientras una noche de temperatura perfecta caía sobre nosotros, me vi obligado a bailar durante casi dos horas.

La vieja losa de hormigón embarrada estaba ahora seca por el sol del día de Navidad. Esta se convirtió en nuestra pista de baile. La gente había estado bailando hacía media hora. El músico había tocado con ganas durante unas seis o siete horas sin signos de ceder. En ese momento, pensaba profundamente en mi cabeza: ¡Mira esto! ¡Estamos en una celebración! Espero que no me inviten a bailar. Con una botella de whisky y un ritmo familiar, estoy listo. Estando seco de bebidas y siendo un recién nacido en este género de música, no quería forma más parte en eso que solamente presenciarlo. Fue el momento en que quise que mi dominio de la palabra en español para "No" hubiera sido más fuerte. Lo intenté y lo intenté, pero mi resistencia fue ignorada. Sin salida, tenía que bailar y bailar y bailar.

Puse mi cámara para grabar dada vuelta hacia la pista de baile. Hice mi movimiento: codos y tobillos listos. Siendo un hombre blanco, estaba a punto de mostrarles a estos ecuatorianos cómo se veía un cuchillo de mantequilla bailando si tuviera articulaciones de rodilla. Yo era el segundo de una fila de cinco personas que bailaban a un metro de otra fila de cinco. Los bailarines estaban uno frente al otro. No era un baile de pareja. Cada uno estaba bailando alocadamente por su cuenta.

La hermana de Iliana estaba justo enfrente de mí. No sabía si mirarla o mirar a mi alrededor. No sabía si era soltera o casada. Ella estaba haciendo algo así como un rápido Texas two-step pero con más movimiento de caderas. Yo hacía algo que recordaba a una persona a punto de caer. Había dos bailarines más a mi lado, un hombre de noventa y cuatro años exhibía movimientos perfectamente sincronizados. Uno de los primos de Iliana estaba en chanclas y había encontrado un ritmo extra para moverse más allá del de la música, el cual yo apenas podía seguir. Juntaba a eso sus gritos de celebración, movimientos de rodillas y brazos en alto. Era el bailarín de escaparate del grupo. Yo pensaba: "¡Bailas muy bien, hombre!".

¡Y así seguimos bailando! Pasó otra larga hora, y nosotros seguimos en nuestro maratón de baile. Durante una breve pausa en la música, vi una repisa de ladrillos cercana donde podía sentarme. Mi frente y axilas estaban empapadas de sudor. Me sentía bien. Me alegré de haber cumplido con su pedido de que bailara. Una chica joven vino a darme algo refrescante para beber. Agarré la taza pequeña, pensando que podría beber cuatro tazas de agua de ese tamaño. ¡Casi lo escupo cuando me di cuenta de que era vino tibio! ¡Oh! No estaba preparado para eso. Le di las gracias y traté de pedirle agua. En ese momento, Iliana se acercó y me agarró del brazo. Era tiempo de volver a bailar.

La única opción para escaparme era decir: "¡No! ¡No! ¡No!" con resolución. Pensé que eso podría parecer grosero y no me resistí. Ciertamente, decir "Iliana, por favor. Estoy cansado, y no puede haber ningún beneficio para mí en continuar con estos movimientos parecidos a convulsiones frente a todas estas personas inocentes" no era una opción. No, señor. No, señora. Decir eso en inglés o intentarlo en español no me habría llevado a ninguna parte. Así que seguimos bailando, durante otra hora entera.

Esa Nochebuena había podido revivir la magia de las fiestas como no la sentía hacía una década. En este día común de Navidad en Loja, Ecuador, compartí el amor, el espíritu y la energía que vivían eternamente en las paredes de aquella vieja casa. La Navidad con la familia de Iliana me trajo toda la magia que podía haber esperado y mucho más.

Mamita Building y Macas

La mañana después de Navidad, agradecimos y nos despedimos de Iliana. Carlos nos llevó a la terminal de autobuses de Loja. Alice y Dan regresarían a la hermosa Vilcabamba mientras que yo viajaría en autobús doce horas al noreste a Macas, Ecuador, la capital de la provincia de Morona Santiago. Curiosamente, ya tenía una amiga allí. Ir a verla me alejaría de la magnificencia de los escarpados Andes. Me trasladaría al extremo occidental de la selva amazónica. Me sumergiría directa y totalmente en la cultura ecuatoriana.

Durante las próximas dos semanas, era posible que no oyera ni una palabra de inglés salir de la boca de otro humano. El objetivo de todo esto era visitar a una mujer maravillosa, tanto en vitalidad como en espíritu, llamada Lucía. Había conocido a Lucía en octubre de 2016 en la casa de Alice en Virginia Occidental. Esta era la misma casa en la que había trabajado para ganarme mi estadía en Ecuador. Ella había venido a Estados Unidos para pasar un par de semanas como invitada de Alice. No era su primera vez en Estados Unidos. Lucía había pasado unas cuantas vacaciones en el país. Pero su lealtad estaba donde vivía su corazón: en su amado Ecuador. Hablar inglés nunca fue una gran necesidad para ella. Los días que venía a trabajar en la casa de Alice, Lucía y yo intercambiábamos sonrisas y el más básico de los saludos. Yo decía a veces "¿Cómo estás?" en español. A menudo respondía con: "Bien". Si le preguntara: "¿Cómo estás?" y su respuesta fuera algo más allá de "Bien", yo no sabría qué decir a continuación.

Lucía me dejó una impresión maravillosa de todo su país durante sus dos semanas en Virginia Occidental. Su tremenda humildad, su naturaleza de voz suave, su interminable flujo de sonrisas. Realmente deseaba poder conversar con ella. Me hubiera gustado saber qué pensaba de Virginia Occidental y si había algo que le gustaría hacer durante su visita. Sin embargo, sabía que ella se estaba muriendo de frío. Las temperaturas estaban entre 5 y 15 °C, lo que yo consideraría como perfecto para octubre, pero ella a menudo se acurrucaba junto a la estufa de leña de Alice. Pronto descubriría, estando en Ecuador, por qué el frío la afectaba tanto.

Durante la estadía de Lucía en Virginia Occidental hubo una noche en la que decidí trabajar hasta tarde en la casa de Alice. Debido a eso, Alice me permitió quedarme en vez de volver a mi casa. Hice una cama con mantas apiladas en la planta baja junto a la estufa de leña. La mayoría de las luces de la casa estaban apagadas. Lucía bajó las escaleras y se sentó a mi lado. Quería mostrarme fotos de Ecuador en su teléfono. También pude sentir que ella quería charlar. Intentamos con todo nuestra capacidad hablar entre nosotros. Sin embargo, hubo poco éxito. Al final, nos conformamos con un intercambio de sonrisas mientras ella se desplazaba por sus fotos. Ahora, en Ecuador, y de camino a verla de nuevo, esperaba que la barrera del idioma no arruinara mi visita.

En el trayecto dela terminal de autobuses de Loja a Macas tendría mi primera experiencia real de Ecuador fuera de los Andes. La ruta era en gran parte pavimentada, de dos carriles y con innumerables puentes y barrancos con fuertes corrientes de agua debajo. Pasaríamos por pueblos con nombres muy exóticos como Zamora, Yantzaza, Bomboiza y Gualaquiza. Eran pueblos con tremendas franjas de bosque en el medio. Pasamos por picos de montañas tan increíblemente verdes y espirales que casi me quedo sin aliento con la mirada.

Un pico se elevaba como un dios hacia las nubes. Las otras cumbres a su alrededor no llegaban a las nubes. No estaba seguro de por qué se elevaba tanto. Simplemente (o más bien con bastante desesperación) quería que las nubes se despejaran antes de perderlo de vista. ¿Ese pico comenzaría a redondearse por encima de la línea de nubes o se elevaría otros 600 metros más? No lo sabía. Múltiples intentos de buscar en internet esa ubicación no revelaron nada.

En Gualaquiza, tuve que comprar otro boleto para cambiar de autobús. Para entonces estaba en el autobús seis horas, y con ganas de orinar hacía cuatro. Hubo dos paradas antes de Gualaquiza. Una fue breve y la otra de media hora. Durante esas paradas, decidí quedarme sentado en el autobús en lugar de orinar. No sabría decir cuándo saldría el autobús. Sin Alice para traducir, básicamente no tenía ni idea. A donde fuera el autobús, yo iría también. No bajes del autobús. No dejes que el bus se vaya sin ti. Esa fue mi táctica de supervivencia.

De Gualaquiza a Macas, el terreno adquirió un aspecto diferente. Esto es un montón de imaginación, pero se parecía a lo que imagino que sería Tailandia. Noté cómo una extraña palma sobresalía de la maleza a una altura enorme. Y las montañas no eran tan altas aquí. También parecía que la temperatura era más cálida de lo que había sentido desde que llegué a Ecuador. El autobús avanzó por este nuevo paisaje.

En una parada, recogimos a tres niños. Uno de ellos se sentó conmigo. Su nombre era Domingo. Este niño tenía la sonrisa más amplia y blanca posible en un humano de su tamaño. Era un tipo curioso. Eligió sentarse con el extranjero de aspecto extraño en lugar de tomar uno de los otros asientos disponibles. Comenzamos a hablar instantáneamente. No parecía importarle el spanglish o que yo entendiera poco sus palabras. Simplemente seguía hablando. Probablemente sus palabras eran preguntas. ¿Quién sabe? Viajó en autobús conmigo durante quince kilómetros y luego se fue. Poco después, empezó a oscurecer.

La llegada de la noche me dio la sensación de que había perdido mi parada. Viajaba sin teléfono ni mapa. Toda la esperanza estaba puesta en ver algo que dijera Macas. Tres pueblos y una hora antes de llegar Macas, todo estaba completamente oscuro. No tenía ni idea de si se me había pasado la parada o no. Solo tenía la esperanza de que todavía tardara unas doce horas. Y aun no habían pasado doce horas.

Cuando el bus llegó a Macas, eran alrededor de las 8:30 de la noche. La terminal era más grande que la mayoría de las paradas que habíamos encontrado. Cuando bajamos, vi a Lucía parada afuera. Al verla sentí la misma sensación que al ver a Alice por primera vez en Vilcabamba. Ver a Lucía significaba que no estaba perdido, que no había pasado de largo en el viaje y que podía relajarme. Agarré mis maletas.

Mirando a mi alrededor, vi la terminal de autobuses llena de gente. Lucía se acercó y me saludó con una de sus sonrisas. La acompañaba una adolescente llamada Josie. Los tres partimos hacia la noche, alejándonos de la terminal de autobuses. No estaba completamente seguro de hacia dónde nos dirigíamos y esperaba que íbamos a la casa de Lucía.

Macas estaba bien iluminada. Los edificios eran de construcción similar a la observada en otras partes de Ecuador. Pude deducir muy pronto que no nos dirigíamos a la casa de Lucía. Más bien, iríamos a explorar Macas y sus decoraciones navideñas. Lucía quería mostrarme su querida ciudad de inmediato.

Caminamos dando vueltas por calles salpicadas de espíritu navideño. Había una plaza con un árbol de Navidad gigante, un tren improvisado decorado tan finamente como el trineo de Papá Noel y una gran exhibición de letras iluminadas de colores primarios que deletreaban Macas. Fue una oportunidad de foto inmediata. Como Vilcabamba, el centro de Macas estaba definido por su iglesia. Una escalera alta y ancha debajo de su entrada parecía exagerar el tamaño de la iglesia.

Había un sentimiento divino al estar en su puerta en la noche, en esta ciudad, tan misteriosa para mí.

Caminamos media hora y luego llegamos a la casa de Lucía. Vivía en el extremo más alejado de un estrecho callejón hecho de delgadas casas adosadas de tres pisos. La mayoría de los pisos inferiores se usaban comercialmente, incluida la casa de Lucía. Llegamos a una casa llena de gente. Esta inmersión inmediata llegó mucho más rápido de lo que esperaba. Dada mi Navidad en Loja, esto no debería haber sido una sorpresa. Tan rápido como lo digo es el hecho de que pocos se quedan después del día de Navidad en Estados Unidos. Es hora de volver al trabajo y volver a la rutina. Culturalmente, sería extraño. Asumí que todos todavía estaban en Lucia's debido a su tradición.

La madre de Lucía, María, sus hermanas, Blanca y Linda, y su hermano, Ángel, me recibieron con sonrisas y hablando en español. Fueron abrumadoramente acogedores. Me encantaron las sonrisas. Todos se dieron cuenta rápidamente que mi español necesitaba todavía mucho trabajo. Me hicieron pruebas un par de veces para ver cuál era mi nivel en el idioma. Esto provocó risas entre ellos y confusión de mi parte. Sin embargo, Ángel se aseguró de que yo supiera que era bienvenido. Juntó dos palabras en inglés y dijo: "No bully". Quería que yo supiera que solo estaban bromeando.

Lucía proporcionó su habitación para mi estadía. Estaba en el tercer nivel de su casa y curiosamente separada del resto de la casa. Si entraras a su casa desde la calle, notarías la clínica naturópata de Lucía en el piso inferior. Al lado de esa entrada, una puerta conducía a una escalera al segundo piso. Ahí estaban la cocina, el baño y la sala de estar de la casa. Para llegar al tercer piso, había que subir por una escalera centralizada y con azulejos justo al lado de la cocina.

Me encantó la distribución del tercer piso. Estaba completamente expuesto al exterior, con solo dos lados con paredes. Uno era el muro lindero con la casa adyacente. La otra era una pared que pertenecía al dormitorio de Lucía. En lo alto, había un techo de hojalata sostenido por una estructura de metal. El dormitorio, un lavadero al aire libre y un pequeño jardín de flores remataban el tercer piso. Lo interesante era ver cómo el clima ecuatorial permitía a los propietarios vivir en una casa completamente expuesta al exterior. Claro, la lluvia no podía entrar, gracias al techo; pero el viento, la humedad, la temperatura y los insectos sí. Las escaleras al tercer piso no tenían nada que separara el exterior del interior. Despertó mi imaginación y me dio una sensación de casa de árbol.

Pensé: me encantaría tener esto en una casa en Virginia Occidental. Por supuesto, si los inviernos no fueran tan fríos, y los veranos tan calurosos, y los mosquitos tan abundantes, y los códigos de construcción tan estrictos. Y así sucesivamente. Un pequeño defecto en el diseño era que el piso era un poco caluroso como para dormir allí. Pero Lucía no tenía problemas. Ella florecía en el clima ligeramente más cálido de Macas. Yo prefería dormir a temperaturas mucho más bajas. Dimos por finalizada la noche después de varias alegres horas con la familia.

Me tomó un tiempo conciliar el sueño. En la oscuridad de la noche, escuché un golpe en la puerta. Pareció escucharse solo unos momentos después de que me quedé dormido. Sin embargo, eran las 4:30 de la mañana. Lucía me llamó por mi nombre de una manera interminable y que luego reconocería como su forma de decirlo. Ella diría "Miiike". Su versión de mi nombre sonaba como si hubiera agregado un par de "i" largos. Me pregunté qué demonios estaba pasando. ¿Hay alguna emergencia? Respondí con un "Hola". Abrió la puerta y dijo algo. Todo lo que pude comprender a través del aturdimiento fue que necesitaba ir con ella. Cogí la palabra taxi, ya que es la misma en ambos idiomas. Confundido, la seguí escaleras abajo. Subí a un taxi con ella, Blanca y Josie. Nos marchamos pero yo estaba apenas despierto.

A dónde íbamos estaba tan completamente más allá de mi comprensión que mi imaginación se entretuvo brevemente con la idea de que había sido secuestrado. ¿Nos estaríamos dirigiendo a una granja remota donde iban a extraer mis órganos? Ese pensamiento realmente me vino a la mente como lo hacen los pensamientos. Sin embargo, no le presté mucha atención.

El taxi dejó atrás a Macas por un camino de tierra con plantas altas bordeando cada lado. Los faros creaban un ambiente inquietante. Estaría mintiendo si no admitiera que volví a estar en guardia al llegar al camino de tierra. Dentro del taxi, las chicas se reían y bromeaban sobre cosas que nunca entenderé. En su charla, las palabras "mamita building" seguían apareciendo. Tomé esto como una pista de hacia dónde nos dirigíamos. Pero, ¿qué demonios era un mamita building?

El taxista siguió por un par de kilómetros por el camino de tierra y nos dejó en un área de estacionamiento en lo alto de una loma. Seguimos a pie.

Las palabras "mamita building" se tornaron más frecuentes. Todavía estaba muy oscuro. Pero ahora solo estábamos las chicas y yo. Estaba perdiendo la preocupación. En una situación de vida o muerte, seguramente podría correr más rápido que ellos. El camino tenía una curva. Mientras terminábamos de dar la vuelta, descubrí de qué se trataba todo esto. Allí, vi una estatua gigante de una mujer: ¡Mamita Building!

Había una estatua de veinticinco metros de altura de una mujer con túnica elevada sobre una estructura de cuatro pisos de altura. Una luz suave y azul iluminaba a su majestad. ¡Era un espectáculo! Lucía había planeado esto justo delante de mis narices sin que yo lo supiera. Quería mostrarme uno de los tesoros de su amada Macas.

Subimos por una escalera de caracol hasta una plataforma de observación a los pies de la estatua. Abajo se desplegaba la totalidad de Macas frente a nosotros. Cientos de luces amarillas y blancas brillaban como estrellas salpicando la pequeña ciudad. Más lejos, pude ver la luz de la luna brillando en el río Upano y el bosque negro que lo rodeaba. La catedral central de Macas todavía parecía prominente desde esta distancia. Me di la vuelta para echar un vistazo. Los dedos de los pies de Mamita Building eran tan largos como mis piernas. Tenía las palmas juntas, en una forma de oración, con la cabeza inclinada compasivamente hacia adelante. Estaba tan feliz de compartir con las chicas esta vista a Macas. ¡Qué sorpresa! Deduje que Lucía había querido ver el amanecer desde aquí. Era el lugar perfecto.

Durante la hora que estuvimos en la plataforma, traté de entender por qué se llamaba Mamita Building.

El inglés de Josie y Blanca fueron suficientes para iluminarme sobre mi error. Cuando me di cuenta de que habían estado diciendo Mamita Virgen todo el tiempo, me eché a reír. Para mi oído inglés, escuchar a esos hablantes nativos de español decir virgen sonaba como beerheen. Mi cerebro había transformado Beerheen en Building. Las V españolas suenan como las B en inglés, mientras que las G suenan como las H. Me había equivocado totalmente.

Salió el sol. Reveló las colinas onduladas y densamente boscosas que corrían en todas las direcciones alrededor de Macas. No eran los altos Andes. Eran más como estribaciones. Las altas montañas no estaban a la vista. El río parecía estar a un par de kilómetros de distancia. Un puente lo cruzaba, conduciendo quién sabe a dónde en el bosque ininterrumpido. Una creciente curiosidad estimuló un momento de inspiración española. Cuando le pregunté, Lucía confirmó que esta región era parte de la Selva Amazónica. Era una jungla de gran altura, alcanzando más de 900 metros.

Dejamos Mamita Virgen para hacer una caminata por la carretera de tierra de regreso a Macas. Fue un hermoso día de cielo azul en el este de Ecuador. Lucía usó su ojo entrenado para las plantas medicinales para arrancar algunas hierbas. Asimismo, se tomó el tiempo para mostrarme su flora nativa. Veía una orquídea y brillaba de alegría. Ella decía: "¡Miiike, mira!". O si veía una planta de mimosa, la tocaba con las manos. Vimos cómo las hojas se plegaban instantáneamente sobre sí mismas. Era un momento lleno de novedades. Nunca había visto una planta reaccionar instantáneamente a otra cosa que no fuera el fuego. Nos convertimos en tocadores seriales de mimosas mientras caminábamos.

Esta mañana fue el comienzo de dos semanas de densa saturación de novedades. Estaba feliz de estar ahí. Más tarde ese día, me encontraba en el tercer piso de la casa de Lucía escribiendo notas cuando miré hacia el horizonte. En la loma más cercana a las afueras de la ciudad, vi a Mamita Virgen. Se veía pequeña desde allí.

Ecuador genuino

Afirmar conocer la realidad de un lugar es difícil sin haber tenido una experiencia directa. Creo que la mejor manera de entender lo que es real es yendo y sintiendo, encontrándote con la gente y reflexionando. En cuanto a la cultura, debes interactuar con su gente. Descubrir la realidad no se puede hacer de forma remota. Los medios de comunicación son claramente incapaces de mostrarte el lado real de un lugar en el que nunca has estado. La venta que hacen sobre los pros y los contras de una localidad es una pérdida de tiempo. A menudo, su atención se centra principalmente en las desventajas cuando, en realidad, las cosas no son tan malas como se anuncian. He llegado a verlo debido a mis viajes. En última instancia, lo que experimentamos y concluimos es subjetivo.

Yo no me vi obligado a viajar a Macas. En cambio, fui a visitar a Lucía con la esperanza de experimentar la vida cotidiana de los ecuatorianos. A diferencia de Vilcabamba, Macas estaba casi desprovista de extranjeros. Era una ciudad sin un solo indicio de economía turística. Mi tiempo allí me mostró que mis amigos, y su ciudad, estaban armados hasta los dientes con sutilezas únicas, naturales y sociales que solo un par de ojos extranjeros notaría.

La incomodidad se adueñó de la situación durante una de las primeras sutilezas notadas. La madre de Lucía, María, me sirvió una sopa que no pude comer. La sopa era una mezcla de caldo y verduras. Acechando en la parte más profunda del cuenco había algo que se parecía a la columna vertebral de un alienígena mutante diminuto. Lo agarré con mi tenedor y lo traje a la superficie. Una vez expuesto, no estaba seguro de qué hacer con él. El primer pensamiento que tuve mientras colgaba del extremo del tenedor fue: *¿Son bolas de gallo?* Mejor conocido como testículos de gallo.

Había ocho bolas de carne ovaladas, rosadas, con venas de color púrpura y forma de testículo unidas en formación escalonada por un trozo de lo que parecía ser una parte de animal rosa, gomosa y con aspecto de tubo. En un extremo, las bolas de gallo tenían un centímetro de largo. Por otro lado, eran casi del tamaño de un huevo de gallina. *¿Qué demonios es esto? ¿Es esto una broma para engañar al extranjero en la mesa? Algo como, ¿comerá bolas de gallo porque no sabe nada de nada?*

Eché un vistazo a mi alrededor. Blanca estaba allí diciéndome algo en español. María también estaba allí y me decía algo en español. Sostuve la parte del animal en el tenedor. Parecía miserable. Volví mi mirada hacia las mujeres. Debería ser evidente que no quería ofender a nadie. Entonces, miré mi comida y lo pensé seriamente. *¿Me lo meto en la boca?* También pensé: *si lo sostengo en mi tenedor solo un par de segundos más, no podrán mantener la cara seria, y se reirán.*

En ese momento, María me indicó que le deslizara el cuenco por la mesa. Lo agarró, metió la cuchara y empezó a comerse las bolas. Estaba avergonzado. En ese momento exacto supe que, sin quererlo, había sido ofensivo. Lo pude ver en el rostro de María. Podía sentir que ella sabía que yo era un cobarde. Había actuado como un snob estadounidense demasiado bueno para comer su comida. Y lo que es peor, yo también lo sabía. Me dolió no tener el vocabulario para preguntarles qué era la comida o explicar qué pensaba que era.

Cuando María tomó un bocado de la misteriosa comida, se hizo evidente lo que estaba comiendo. No eran testículos de gallo. Eran huevos de gallina sin cáscara. El interior de la bola más grande se veía exactamente como un huevo duro. En investigaciones posteriores aprendí que las gallinas forman huevos en todo momento, incluso si no están fertilizados. Los óvalos pequeños eran huevos inmaduros y los óvalos grandes eran huevos en la etapa justo antes de que el cuerpo de la gallina comenzara a crear una cáscara sobre ellos. Todo este artilugio culinario era el aparato reproductor de una gallina. Nunca, nunca había visto algo así.

Interactuar con María fue la clave para ver quién era yo cuando trataba de ser respetuoso sin tener idea de lo que podía ser ofensivo para alguien. Si era necesario, siempre podía activar una naturaleza sumisa al darme cuenta de una situación, como un perro que rueda de espaldas. Cuando no supe lo que María quería de mí, llamé al Sr. Ultra Agradable. Esta vez, casi funcionó, pero ella estaba visiblemente molesta. Entonces, unos días después, fue una sorpresa que María quisiera que me uniera a ella en un paseo por Macas.

Ella tenía entonces ochenta y cuatro años. Por medio de Alice me enteré de que María estaba enferma hacía algún tiempo. Durante mi estadía, no supe cuál era su dolencia. Apenas podía decir que algo la estaba afligiendo. Ella había mostrado vigor durante el incidente de la sopa. Se movía bien y tenía la energía para varios intentos de hablar conmigo. Su caminar con nosotros, en su condición, fue prueba de su carácter, humildad y amor como una hermosa mujer y madre. Un año después de este viaje, supe que María falleció de cáncer.

María decidió que nos guiaría a Blanca y a mí en un recorrido completo por Macas. Imaginé que quería indicar el camino para poder ver sus lugares favoritos de su ciudad. Mientras caminábamos, Blanca hizo todo lo posible por explicar qué eran las cosas que mirábamos. Entre nosotros, sabíamos un par de docenas de palabras del idioma del otro. Su palabra favorita en inglés era su nombre. Sabía que se traducía como *white* y se reía de eso. Ya había pillado a Lucía y Ángel llamándola White en broma.

Deambulamos por la plaza de la ciudad. Era la misma que, unas noches antes, brillaba con luces navideñas. Caminamos por una calle pavimentada larga y ancha, donde pequeñas hojas verdes flotaban en una línea a través de la carretera. Cuando nos acercamos a las hojas, vi que cada una tenía una obediente hormiga adherida. Eran hormigas cortadoras de hojas, las mismas que había visto en la televisión a lo largo de los años. Desde lejos, las hojas parecían pequeñas velas de barco cruzando la calle. Y las hormigas las habían masticado hasta tener formas algo triangulares con un lado curvado, como una vela. Blanca señaló a las hormigas y dijo: "hormigas". Y así, aprendí una nueva palabra. Y quedó grabada. Descubrí que las palabras aprendidas por experiencia y descubrimiento eran más fáciles de recordar que las palabras dichas durante el estudio o cuando se leen de un libro.

La siguiente palabra que aprendí durante la caminata me encantó. Fue *volcán*. Blanca dijo "volcán" mientras levantaba el brazo y señalaba con el dedo hacia la esquina de una casa. No entendía que estaba haciendo. *¿Era la casa un volcán?*, me pregunté. Entonces pensé, *La palabra para eso es* casa. *¿Habrá una planta en el patio llamada volcán? ¿No habrá un animal llamado volcán?* Continuó señalando y mis ojos se enfocaron en el horizonte. Entonces descubrí que quería decir. En la brecha entre dos casas y a cuarenta y tres kilómetros de distancia, vi un volcán por primera vez en mi vida. ¡Era un maldito volcán! ¡No podía creerlo!

Llegar a ver un volcán en esta caminata era lo último que hubiera imaginado. Era cualquier cosa menos obvio lo que estaba diciendo. Su pronunciación en español sonaba como "bollcon" para mi oído inglés. Y con eso, *volcán* se convirtió en una palabra que nunca olvidaré por su momento de descubrimiento, al igual que *hormigas*.

Estábamos mirando el volcán Sangay, de 5.200 metros. Desde Macas, solo se veía su pico nevado. La cumbre era tan brillante que se camuflaba entre las nubes y el cielo. Al salir de Virginia Occidental, lo último que pensé que vería en la región ecuatorial era nieve. Este también era el pico más alto que jamás había visto. ¡Guau! Pocos podrían ser más felices que yo en ese momento.

Estados Unidos alberga varios volcanes. Pero yo había viajado de una costa a la otra sin ver ninguno. Simplemente no son algo en lo que pienses a menudo cuando vives en los Apalaches. Solo Hawái realmente traía algún recuerdo relacionado a volcanes. Y rara vez pensaba en Hawái. Por supuesto, estaba la erupción del monte Santa Elena en 1980, en el estado de Washington. Sirvió de aviso al país. Había escuchado a cada tanto alguna historia al respecto, y desde entonces los volcanes eran algo que siempre había querido ver, pero sin que ocuparan mucho espacio en mi mente.

Los tres seguimos vagando. Los niños jugaban en las calles, corriendo y riendo. Las flores atraían la mayor parte de nuestra atención. Una de esas flores pertenecía a un árbol Borrachero parecido a un arbusto. Era una flor blanca tubular de veinte centímetros que crecía hacia abajo y se ensanchaba en su abertura inferior. Pensé que parecía un vestido de novia elegante y de buen gusto. Había tiras ligeras de una pulgada de largo provenientes de los pétalos que hacían recordar a los volantes de los vestidos de novia. Blanca comenzó a intentar explicar el significado de la flor más que cualquier otra que habíamos visto antes.

Descifré que esta flor era altamente tóxica. Hizo un gesto con la mano y respiró hondo para inhalar mientras decía "polen" en español. *Polen* se escribe casi igual en ambos idiomas, así que me di cuenta. Después, su expresión me dijo que esta flor era peligrosa. También pudo compartir conmigo que se usaba para robar a la gente.

La curiosidad me obligó a investigar la flor más tarde. La flor del árbol Borrachero tiene vainas de semillas que se pueden abrir. El contenido se puede utilizar para hacer un polvo que alguien puede colocar en una tarjeta de presentación, por ejemplo, y dar a otra persona. La inhalación de este polvo causa amnesia temporal en la víctima y al mismo tiempo la hace completamente sugestionable. Dicho sin rodeos, los delincuentes te harán tener contacto con el polvo, te sugerirán que vacíes tu cuenta bancaria o les ayudes a cargar tus pertenencias en su camión. Cuando la el efecto zombi desaparece, te quedas cuestionando qué sucedió. Tanto Ecuador como Colombia son conocidos por este tipo de delitos.

En el descubrimiento de esta flor, reflexioné sobre el vuelo a Ecuador y la chica drogada. Es posible que hubiese tenido contacto con este polvo. Esta droga se conoce comúnmente como burundanga en América del Sur. El ingrediente activo es la escopolamina, y es más inquietantemente conocida como aliento del diablo.

Más tarde, el sol comenzó a ponerse. Caminábamos junto a la pequeña pista del aeropuerto de Macas y nuevamente cerca de la casa de Lucía. Casi habíamos caminado un círculo completo alrededor de la ciudad. Al otro lado de la valla del aeropuerto, a la luz del atardecer, se veía un tallo de maíz solitario. Había sido destrozado por algo. Parecía enfermo. Cada hoja era tres veces más delgada de lo normal y tenía un patrón de dientes de sierra. Blanca me miró y dijo "hormigas". ¡Me quedé anonadado! Es posible que la hilera de hormigas que vimos marchando al otro lado de la ciudad llevara sus esquejes de hojas de este solitario y desesperado tallo de maíz.

De una manera mucho menos dramática, quedarme unos días con Lucía comenzó a desmembrarme como las hormigas lo habían hecho con el maíz. Debería haber sido una experiencia cautivadora sin fin, y en su mayor parte lo fue, pero un viejo defecto de carácter comenzó a germinar en mi interior. Las inseguridades se infiltraron en mi conciencia, tanto que me acerqué a Lucía con mi computadora abierta y un traductor preparado. Una pregunta tenía que ser respondida. ¿Era hora de regresar a Vilcabamba?

La información más clara que tenía era la de Lucía diciéndome que podía quedarme todo el tiempo que quisiera. Pero me molestaba sentir que era una carga porque tenían que alimentarme y entretenerme. Quizás no tenían que hacerlo, pero lo estaban haciendo. Además, no me dejaban pasear solo por Macas para encontrar un lugar para comer. Otro pensamiento me molestaba: *¿Estaré impidiendo que Lucía ayude a sus clientes y gane dinero?* No estaba seguro, pero parecía que sí. Ella no había trabajado de manera constante durante mis primeros días allí. Luego estaba el pensamiento aprendido de la experiencia: *nadie se queda con nadie tanto tiempo en Estados Unidos a menos que viva con ellos.* Entre Alice y yo, el límite de las visitas estaba claro. Nuestros extensos intercambios en inglés lo probaban. Entre Lucía y yo, no tenía ni idea. Cuando no hablas un idioma, vives un poco más dentro de tu cabeza.

Entonces, nos comunicamos por medio del traductor. Cuando Lucía se dio cuenta de lo que quería preguntarle, pareció un poco sorprendida y entristecida. Su respuesta fue una duda, como si ella o su familia hubieran hecho algo malo que provocara que yo quisiera irme temprano. Qué confuso era todo. Yo pensaba que ya me había quedado demasiado tiempo y ella pensaba que no me había quedado lo suficiente. Tenía mucho más para enseñarme. Los próximos días serían increíblemente confusos, alegres, divertidos y alucinantes.

Hablando de la mente, debo aclarar los límites de la mía. Para saber si eres un genio o no, sumérgete en un país, en una cultura, en una familia o en un hogar que no habla tu idioma. Entonces notarás lo lento que es aprender su idioma. Así se siente la humildad, mis amigos. Se siente como una confusión inevitable.

Pero, ¿qué quieres decir con esto? Que soy una persona normal, un ser humano promedio sin una ventaja especial para aprender algo, especialmente un idioma. Si yo pude pasar un buen rato en Ecuador y hacer amigos, cualquiera puede lograrlo. Si te opones firmemente a sumergirte en una situación como esta, siempre habrá lugar para la idea de que no eres un genio. De que prefieres aferrarte con fuerza a tu propio refugio. La prueba está en experimentarlo.

Hay un sinfín de diversión involuntaria causada por las barreras del idioma. Para mí, la diversión comenzaba a primera hora de la mañana al tomar el café. El simple hecho de tomar una taza de café podría comenzar la aventura del día. Con gran sencillez, una mañana, Blanca y yo fuimos a una tienda completamente normal a comprar café común. Solo tenían café instantáneo. *Está bien.* Lo compré y seguí adelante. No podía expresar verbalmente mi deseo de café común, pero no pasaba nada.

Otra mañana, Josie me acompañó a un restaurante donde intenté tomar una taza de café común. La camarera sacó una taza de agua casi hirviendo y un poco de café instantáneo en polvo en un frasco. Otra vez no dije nada. No había ningún problema. No era un snob del café. Supuse que Macas era una ciudad que no tenía café común molido. La familia de Lucía, y quizás la mayoría de los ecuatorianos, solía tomar té.

De alguna manera, en los intentos básicos de comunicación entre Josie, Blanca y yo, se entendía el mensaje de que yo esperaba encontrar café de verdad. Hubo una tarde en que Blanca entró a la cocina con una bolsa de judías verdes pálidas. Ella llamó mi atención y dijo: "café". Me acerqué para inspeccionar su hallazgo. Blanca había ido al mercado del pueblo y había comprado granos de café sin tostar y recién descascarados. Su forma era idéntica a los granos de café tostados. *Esto es interesante.*

Blanca comenzó a reunir parafernalia de cocina. Encendió la estufa y puso una olla de barro al fuego. *Oh, ella planea tostar estos frijoles.* Los frijoles entraron. *Bien, muy bien. Nunca vi esto. Ella sabe lo que está haciendo.* Observaba cada detalle, con los ojos abiertos a todo. Cogió una cuchara grande y revolvió los frijoles.

Luego, me instó a hacer lo mismo. *Bueno. Estoy siguiendo.* Los granos pronto comenzaron a verse como granos de café antes de moler. Se estaban dorando. ¡Caramba, iba a tomar un café de verdad a la mañana siguiente! Esto era emocionante.

Entonces las cosas cambiaron su rumbo. Blanca me preguntó: "¿Azúcar?". Estaba confundido. ¿Por qué preguntaba por el azúcar? Pensé que era una pregunta sin importancia. Le respondí: "Sí. Azúcar". Pensé que me estaba preguntando si bebía mi café con azúcar. Pensé que a continuación podría preguntarme si le ponía crema también. Pero esa no era su intención. Ella buscaba instrucciones en lugar de hacer una pregunta suelta. Buscó un recipiente de azúcar y echó la mitad de una taza medidora en la olla de barro con los frijoles. *¡Oh, no!*

No pensé ni por un segundo que ese fuera su próximo movimiento. Y no fui lo suficientemente rápido para detenerla. Ella estaba enérgica, y la barrera del idioma la convertía en un tren sin frenos. ¡El azúcar estaba en la olla! Ella siguió revolviendo. Traté de contarle lo que había sucedido, pero sin éxito. Los frijoles estarían demasiado pegajosos ahora para molerlos. *¿Qué podíamos hacer?*

Seguimos revolviendo. Los frijoles finalmente se tostaron lo suficiente como para usarlos. El azúcar se oscureció hasta convertirse en un líquido. Nos detuvimos cuando nos dimos cuenta de que los frijoles estaban demasiado pegajosos para aplastarlos en una pila técnicamente utilizable. Entonces, pasamos a otra cosa sonriéndonos. No estoy seguro de qué pensó Blanca de toda la situación. A la mañana siguiente, volví al café instantáneo de la tienda.

Esta confusión y sorpresa me golpeó nuevamente en el mercado de alimentos al aire libre de Macas. Las chicas y yo fuimos allí en busca de una vaina de semillas de medio metro de largo llamada guaba. Estas vainas de guaba eran algo novedoso. Dentro de ellas había semillas no comestibles de color marrón oscuro, más grandes que un frijol lima pero casi de la misma forma. Esas semillas estaban cubiertas por un filamento esponjoso que se parecía al algodón. Esa cosa blanca y esponjosa era la parte comestible. Para comerla, hay que sacar la semilla con el dedo, meterla en la boca y luego usar la lengua y succionar para quitar el filamento de la semilla. Después, se escupe la semilla. La filamento blanca era deliciosa y casi tan dulce como el azúcar. Esperaba comer tantos como pudiera hasta que el choque cultural se convirtiera en parte del menú.

Encontramos un puesto de venta de guaba. Una adolescente nos entregó algunas para que viéramos si nos parecían frescas. Estaba bien maquillada, era bastante bonita y vestía ropa que hubiera estado de moda en Estados Unidos. Nada en ella se veía extraño. Agarré la guaba que me entregó y la abrí a lo largo. Con la primera semilla en la mano, noté una mancha marrón a unos centímetros del final de la vaina. Esta zona marrón demasiado madura era el hábitat de unas larvas retorcidas, de un centímetro de largo y del color del arroz integral, de algunas especies grotescas. Le señalé esto a la joven.

Sin dudarlo, me quitó la guaba y tomó esa larva y se la metió en la boca. Pasó al siguiente tema tan rápido que no tuve tiempo de recuperar el aliento. Ella nos miró a todos como diciendo: "¿Ves? Esta sigue siendo una buena guaba". Verla comer ese gusano me chocó. En mi país, demasiado privilegiado, ninguna adolescente elegante se va a comer voluntariamente un gusano cualquiera. Verla comer esa cosa me pareció una manera sencilla para contraer un parásito. "No, gracias", fue todo lo que pude decir. Las sorpresas eran muchas. Lucía aún no había ni de cerca terminado conmigo. Pronto lo descubriría durante otro secuestro excesivamente temprano.

Comenzó con otro golpe en la puerta del dormitorio, seguido de un "Miiike", proveniente de Lucía. Puede que yo hubiera estado durmiendo durante cuatro horas. Entró y me instó a que bajara al taxi. Esta vez, confié en que íbamos a un lugar interesante y fuera de peligro. Por lo que deduje, era una fuente termal. Cogí mi cámara, algo de dinero y una chaqueta.

El taxista era un joven de aspecto cansado llamado Julio. Lucía, Blanca y Josie se apilaron en la parte de atrás. Me ofrecieron el asiento de copiloto. Una vez más, nos adentramos en la noche. No tenía ni idea de en qué dirección nos dirigíamos o cuánto duraría el viaje. Supuse que iríamos un poco más allá del camino de tierra que conducía a la Mamita Virgen. *¿Cuánto tiempo puede durar un viaje en taxi?*

Pronto, Macas desapareció por completo. Todavía estaba bastante oscuro y parecía que ascendíamos. El camino estaba pavimentado y bien señalizado. Se movía bastante de izquierda a derecha, como una serpiente que se desliza rápidamente. Pensaba: *¡Esta sería una carretera fenomenal para motociclismo!*

Como estábamos ascendiendo, teníamos que estar dirigiéndonos hacia el oeste, regresando a los Andes. Sin importar la dirección, comencé a disfrutar mucho el viaje. Pasamos por un par de túneles de montaña. Eran mucho más rudimentarios que los de Estados Unidos. La iluminación era industrial de baja tecnología y las paredes no siempre eran de hormigón liso. Había un túnel que comenzó semiliso y luego se convirtió en las tripas dentadas de una montaña, como si se hubieran rendido a la mitad de la construcción. Parecía que atravesábamos una mina y no un túnel de carretera. Mi imaginación jugaba con las paredes de roca desnuda y sin terminar hasta que susurré: "Me siento como si estuviera dentro de un gusano".

Comenzaba a amanecer. Nos detuvimos después de cruzar un puente. Estábamos de nuevo en la alta montaña. Abajo, un río de aguas bravas se precipitaba ruidosamente a través de rocas en un viaje acelerado hacia fuera de los Andes. Después de un momento para tomar fotografías, continuamos el viaje. Estaba emocionado. Las chicas se reían mucho mientras nuestro conductor, Julio, sonreía y disfrutaba de su día. Estos entornos dinámicos son estímulos para el estado de ánimo.

Ahora, las ventanillas del taxi eran pantallas de televisión para un mundo exterior vigorizante en el que estaba totalmente interesado. Dondequiera que mirara, se veía genial. Mientras tanto, seguimos ascendiendo. *¿Qué tan alto vamos?*, me preguntaba. Un rato después, paramos de nuevo. Salimos todos y nos divertimos sobre las rocas en la base de una cascada, ¡una cascada que salía disparada directamente desde un bosque!

Mirando hacia arriba, la parte superior de la cascada estaba escondida entre los árboles. Su chorro de agua aparecía tan repentinamente y con tanta fuerza desde la densa vegetación que era como un truco de magia realizado por la naturaleza. En todos los demás encuentros con cascadas que había tenido, había podido determinar claramente que provenía de un río o arroyo en particular. Pero no aquí. Parecía que el bosque estuviera haciendo un pipí fuerte pero hermoso.

Tomamos algunas fotos y seguimos conduciendo. Otra parada y los verdes Andes empezaron a cambiar. Los tonos verdes ahora se habían mezclado con los marrones, mientras que en la parte de arriba de la montaña los árboles habían cambiado a hierbas y musgos. No había habido ni un minuto en coche desde Macas en que no hubiéramos estado ascendiendo. Si me preguntaras qué tan alto estábamos en esta parada, diría algo poco sofisticado como "¡3000 metros!". Sabía que estábamos muy alto y, finalmente, supe algo en relación a dónde estábamos. Acabábamos de pasar por un letrero que decía "Parque Nacional Sangay". Estábamos en el territorio del alto volcán.

El Parque Nacional Sangay es un área de quinientas veinte mil hectáreas y el hogar de dos volcanes activos: Sangay y Tungurahua. También es el hogar de tapires de montaña extremadamente raros, osos de anteojos, nutrias gigantes, jaguares y pequeños ciervos mazama rojos. Está catalogado como patrimonio mundial de la humanidad por la Organización de las Naciones Unidas para la Educación, la Ciencia y la Cultura (UNESCO). Casi todos los climas que existen en la Tierra se encuentran en el parque, desde selvas tropicales hasta glaciares. Ese día, el parque sería también nuestro hogar.

Para completar el grupo, nos encontramos con Linda, la hermana de Lucía, en nuestra siguiente parada, y allí cambiamos de ruta. Ya no ascenderíamos por el sinuoso camino más allá de la línea de los árboles. Sin embargo, logramos llegar justo a los pies del paraíso. Todo en este lugar tenía una majestuosidad que me confundió y emocionó. Las colinas no tenían comparación. Eran colinas que podrían convencer al rey de los hillbillies de construir su castillo allí.

Frente a nosotros había un edificio de un solo piso con entramado de madera. Su techo de pendiente baja era de paja y parecía sacado de la Inglaterra de Shakespeare. Una cuerda de ocho centímetros de grosor hecha a mano se había colocado estratégicamente sobre la paja para darle peso. Supuse que estaba allí para evitar que la paja se volara. El suave patrón en zigzag de la cuerda cubría todo el techo. Nunca había visto antes esta técnica de construcción.

Entonces pasó un anciano a caballo. Llevaba lo que debe haber sido ropa hecha a mano, suelta, compuesta de capas de textura y carácter coloridos. Su rostro rugoso mostraba haber vivido una vida dura. Fui bombardeado instantáneamente con el pensamiento: *Dios, ¡me siento como si estuviera en Mongolia!* El lugar demandaba mi atención con su guisado de paisajes mixtos. Aquí, nada se parecía al Ecuador que había visto en Vilcabamba, Loja o Macas.

Los paisajes que había experimentado en el oeste americano se habían congregado aquí. Había una enorme saliente cercana que parecía cincelada y trasplantada de las montañas Chisos de Texas. Se asomaba al cielo con una prominencia imponente, como los puntos de referencia que se ven en el Valle de los Monumentos de Arizona. Y aun así, su rico suelo color chocolate oscuro, el mismo que había visto en las paredes del cañón del lago Mead, me trajo otro recuerdo.

Entre nosotros y el horizonte, y bajo un gran cielo lleno de todo el aire fresco de montaña que un hombre podría desear, el doppelganger de Wyoming estaba ante nosotros. Los pastizales ondulantes se extendían por kilómetros en todas direcciones, solo interrumpidos por la exhibición aparentemente falsa del horizonte de altísimas crestas andinas; crestas altísimas e irracionalmente hermosas. California, Colorado, Nuevo México y Montana también me vinieron a la mente. Todo eso me hizo preguntarme: *¿cómo diablos llegué aquí? ¿Y por qué tuve tanta suerte?* No lo sabía, pero sabía que si Lucía alguna vez quisiera secuestrarme de nuevo, tenía mi consentimiento.

Momentos antes de que la tierra me poseyera espiritualmente y me perdí en los lugares de interés, escuché algunos "Mikes" provenientes de las mujeres. Me sacaron del hechizo. Me había alejado del grupo y acercado al borde de la pradera. No me había dado cuenta de que había llegado Linda.

Seguí a las chicas hasta el edificio con techo de paja. Una vez más, mis sentidos quedaron atónitos. El interior del lugar jugó con mi imaginación lo suficiente como para sentirme como si estuviera en una vieja y alegre Inglaterra de habla hispana. Al levantar la mirada directamente hacia el techo, descubrí que había paja en la parte inferior del techo. Listones de madera oscurecida, aproximadamente del tamaño de 2 x 8 pulgadas, servían como guías para colocar la paja.

Pesadas vigas de madera sostenían los listones. Los paneles de madera y una chimenea de piedra me hicieron pensar instantáneamente en un antiguo pub irlandés. Pero una pared de ladrillos adyacente, pintada de verde pastel, me recordó que estaba en un país latinoamericano, y la vibra deseada era la positividad.

El lugar era un restaurante. Y era hora de comer. La camarera nos saludó y comenzó a tomar los pedidos. *¿Dónde está el menú?* Para ese momento, mi habilidad para descifrar el español a través de la lectura era dos veces mejor que para hablarlo. El español resulta ser lo suficientemente similar al inglés para que, si lo abordas como si estuvieras descifrando un código, tengas una idea de lo que estás leyendo por el deletreo de algunas palabras. Sin un menú, era como si tuviera los ojos vendados para averiguar qué había a la venta allí. Sabía que *café* se dice *coffee*. *Ensalada* es *salad*. *Vegetales* es *vegetables*. *Jugo* es *juice*. *Frutas* es *fruits*. ¿Ves las similitudes? Pero *pez* se dice *fish* en ingles. En Estados Unidos, PEZ es un tipo de caramelo y yo no quería dulces.

Josie y Blanca ayudaron a llenar los huecos en el diálogo entre la camarera y yo, y terminé pidiendo pescado. Específicamente, una trucha de la cabeza a la cola en un plato largo y ovalado. La cabeza y la cola estaban completamente intactas. Todo lo que había en el medio se había convertido en una especie de ensalada. Parecía que esta trucha se había tragado una micro bomba vegetal.

Mientras yacía allí, uno de sus ojos me miró. Estaría mintiendo si dijera que no me sentí algo culpable por la muerte de ese animal. El estadounidense mimado que tenía dentro solo había experimentado una vez tener a un animal completo como comida. Había sido en un asado de cerdo. Hasta entonces, todas las demás carnes habían llegado a mi hambrienta boca habiendo sido cuidadosamente empaquetadas o sin tener una forma parecida a la de un animal. Culturalmente, es un poco extraño hacer contacto visual mientras se mastica un animal. No soy un lobo, digo, mientras vuelvo a mencionar al estadounidense mimado que llevo dentro.

La comida fue perfecta. Estábamos felices cuando regresamos al aire libre para volver a relacionarnos con nuestro entorno. Lo primero que me llamó la atención en el exterior fue un pozo de agua de hormigón de dos metros y medio de ancho lleno de truchas. De alguna manera había pasado por delante de él al entrar. Una mirada a esos peces y mi mente me susurró: "Tú eres el próximo". Hacer del mundo una fantasía no deja lugar a su funcionamiento real. Todo es dar y recibir. Gracias, trucha diminuta, por ser parte de mi experiencia en el magnífico Parque Nacional Sangay.

Julio nos condujo en la dirección por la que habíamos venido. Pero luego aparcamos después de solo un kilómetro y medio. Una mirada a nuestro entorno mostraba un amplio lote de grava. A nuestro alrededor había un par de casuchas ruinosas. Una estaba pintada con el mismo verde pastel que había en el restaurante. Y estaba pintada en ella, a mano, la palabra *Restaurante*. Quizá este era el antiguo restaurante del parque. Nos detuvimos allí para apreciar la vista.

Las mujeres abrieron el camino hacia una enorme franja de campo llena de colinas en forma de nudillos. Eran puntiagudas y lisas y estaban cubiertas de densos matorrales de hierba. Había una infinidad de tallos de hierba rubia, larga y delicada. Nuestro panorama estaba lleno de vírgenes lagos de montaña, como un estadounidense podría imaginarse los de Alaska. Haciendo de límite lejano de esta extensión había una cadena montañosa de los Andes de altísima elevación. Parecía de color marrón chocolate con leche y no tenía árboles. Era dentada, remota y suplicaba exploración.

Caminamos por un sendero de un pie de ancho abierto entre la hierba tan fina como un cabello. Subimos y bajamos pendientes pronunciadas. La forma de estas colinas era tal que uno podría imaginarse un camión volquete del tamaño de un rascacielos descargando su carga de tierra y dejando suaves montículos. El paisaje me quitó el aliento de múltiples formas. Respiraba notablemente más fuerte debido a la elevación, y estaba enamorado de eso. Seguí a Lucía hasta un punto de parada, sonriendo todo el tiempo.

Las mujeres se mezclaron mientras yo miraba boquiabierto a este extraordinario trozo de gloria de la montaña. Si fuera Wyoming, y estuviéramos expuestos así, estaríamos pensando en lobos, osos o pumas. Estaría increíblemente alerta. Pero esto era Ecuador. Estábamos seguros como para divertirnos un poco. Se tomaron fotos a sí mismas con ese tremendo trasfondo a sus espaldas. Sus sonrisas y risas eran puntos brillantes flotando entre las colinas. No sé cómo se sintieron al ver el Parque Nacional Sangay en ese momento, pero seguro que parecía que lo estaban viendo por primera vez, como yo.

Salimos de esa zona y Julio nos condujo otro kilómetro y medio por la carretera, con Linda siguiéndonos en su coche. En esta parada, a nuestra derecha, un lago se extendía por debajo de la carretera. Casi todas las mujeres permanecieron en la superficie de la carretera. Josie y yo caminamos por un terraplén rocoso y empinado de treinta metros. Su espíritu adolescente aventurero la instó a acompañarme. Mi deseo de conocimiento interno y de experimentar el Zen me hizo descender con cuidado hacia el lago. Mi objetivo era la orilla rocosa de abajo.

Al crecer a orillas del río Shenandoah de Virginia Occidental, adquirí una habilidad aparentemente trivial a una edad muy temprana. Mi padre me enseñó a tirar piedras sobre la superficie del agua. Casi por arte de magia, lo veía encontrar una piedra plana y arrojarla con la mano por debajo hacia el río. Su brazo se balanceaba como un látigo mientras las rocas desafiaban toda lógica. ¿Cómo podría algo tan denso como una roca rebotar en algo que no brinda apoyo como el agua? Una y otra vez, las rocas giraban y rebotaban y giraban y rebotaban. Y él buscaba con entusiasmo otra roca.

Hoy en día, ver la física de ese juego cobrando vida me tranquiliza la mente temporalmente de una manera valiosa y bienvenida. También he sentido lo mismo al mirar el océano y contemplar la danza de las llamas de las fogatas. Lanzar rocas siempre ha sido algo a lo que he dedicado algún tiempo.

Aunque no creo que Josie se hubiera tomado ese mismo tiempo. Estábamos junto al lago y buscábamos buenos guijarros. Estaba en busca de uno plano, y Josie cogía uno grueso y luego llamaba mi nombre. Mirándome a los ojos, buscaba la confirmación sobre la capacidad de esa roca para rebotar en el agua. Yo me reía y la animaba a que lo hiciera. A veces lograba que saltara dos o tres veces. Cuando encontraba un buen regalo geológico, yo podía conseguir diez o más saltos sin ningún problema.

Oíamos a las chicas en la carretera felicitarme por esos lanzamientos. Julio estaba sintiendo la vibra y había bajado al lago para unirse a nosotros. Desde la izquierda, vi una roca saltando de la superficie. ¡Uno, dos, tres, cuatro, cinco, seis, siete saltos! Nuestro joven taxista era un profesional. ¡Qué fantástico ver esto! Tenía perfeccionada la técnica.

Es una técnica mucho más complicada de lo que se imagina. He visto a muchos intentarlo sin éxito. Lograrían lanzarla por debajo de la mano, pero no hacer el movimiento de muñeca. O harían el movimiento de la muñeca pero no soltarían la roca de modo paralelo a la superficie del agua, lo que haría que se hundiera inmediatamente. O no se darían cuenta de que mucho se basa en el giro reverso y en la sutil colocación del dedo índice para que imprima ese movimiento.

Josie y yo seguimos buscando las piedras perfectas entre las gruesas, cuadradas y afiladas que ofrecía el lago. Estas eran diferentes de las abundantes rocas lisas y planas cerca de mi casa. En un momento, estaba a la caza de un buen guijarro cerca de la orilla del agua cuando me caí de una roca. Me mojé una espinilla en el lago. ¡Josie se rio! Unas cuantas veces, obtuve una docena de saltos mientras Josie seguía intentando. El tiempo tuvo que haber pasado de manera diferente para nosotros y nuestros amigos en la carretera. Para mí, no podría haber durado lo suficiente. Lucía y sus hermanas probablemente estaban pensando que tres espíritus juveniles ya habían pasado demasiado tiempo en una actividad tan básica.

Josie y yo no podíamos intercambiar cinco palabras de corrido. Aun así, estaba casi loco de felicidad por que Lucía me hubieran traído a este parque nacional. No sé si ella lo percibió o no, pero dentro de mí, una energía que solo podía ser conocida como felicidad calentaba mi alma. Ese día, y especialmente el tirar esas rocas en la orilla del lago con Josie, será recordado hasta que me muera como uno de los momentos más puros y maravillosos de mi vida.

Adentrándonos en el Amazonas

Hay algunos planes que no le cuentas a tu madre hasta que hayas sobrevivido. Hace unos minutos, entramos en una masa de nubes que quitaba toda visibilidad. Estábamos en un diminuto avión a unos cientos de metros sobre las últimas colinas de los Andes orientales y volando hacia la selva amazónica. El piloto había estado inclinando el avión hacia la derecha para evitar dos peligrosas manchas rojas en su tableta de navegación. Nuestro curso normalmente habría sido una toma bastante directa desde Macas a una pista de aterrizaje en la jungla al este. Pero hoy, nuestro piloto estaba tratando de enhebrar la aguja.

La tormenta era rebelde en su deseo de compartir viento y lluvia con nosotros. Coincidía con nuestro ritmo y la dirección sureste casi por igual. En la pantalla de navegación, el punto azul que representaba el avión se movía tan lentamente como lo haría un caracol si se arrastrara por esa misma pantalla. La insignificancia del pequeño punto se mostraba claramente flanqueado y huyendo de los gigantes rojos mutantes.

¿Podemos ir lo suficientemente rápido como para escapar de la tormenta? El piloto seguramente así lo pensó. Vio un hueco en las manchas y pensó que podría hacerlo. Yo estaba preocupado. *¿Cómo diablos podríamos estar volando en tales condiciones?* Cuando miré hacia abajo, pude ver el neumático de dieciséis pulgadas en el lado derecho del avión. No podía ver nada más. Recé para que esas manchas no se fusionaran y nos envolvieran. Nunca había estado tan nervioso en un vuelo.

La apuesta del piloto dio sus frutos. Ahora la tormenta nos seguía de atrás. Cuando las nubes se despejaron, un dosel de árboles que parecían campos de brócoli dominaba la vista. Un río serpenteante y fangoso corría cargado de agua color chocolate con leche. Contrastaba mucho con el verde interminable. Nos dirigíamos a un lugar muy diferente de lo que había visto en las altas elevaciones y estribaciones de los Andes. Una pizca de civilización habría sido tan bienvenida como una cerveza fría con un buen amigo. Estaba a punto de encontrar otra extensión telescópica de incertidumbre en un lugar lejos de mi zona de confort.

Vimos la pista. Era más una extensión de pasto que una pista de aterrizaje. La hierba densa, saludable y de unos 30 centímetros de altura dio la bienvenida al avión de regreso a la superficie de la Tierra. Yo estaba feliz por el aterrizaje, pero nada cerca de estar cómodo. Estábamos experimentando un viaje lleno de baches por una pista, yendo mucho más rápido de lo que debería ir un pequeño avión de aspecto ridículo y con ruedas diminutas. Un camión de carreras de Baja podría ser más adecuado para tal velocidad en una pista de la jungla. Y justo cuando comenzamos a reducir la velocidad, y sentí que no había posibilidad de que muriera, atravesamos un pozo de agua estancada que salpicó hacia el cielo y cubrió las ventanas laterales. El avión lo manejó todo extraordinariamente bien.

Salí del avión con Celine, mi compañera de viaje. Habíamos llegado a las profundidades de la Amazonia occidental. Apenas nos conocíamos. Además, definitivamente no conocíamos a la gente que caminaba desde la jungla y cruzaba la pista hacia nosotros. Esta extraña serie de eventos comenzó la noche anterior, cuando acepté volar a la jungla con una extraña de Suiza.

A través de un traductor en línea, Lucía me había dicho que pronto me presentaría a su amiga de habla inglesa, Hanna. Hanna era una mujer suiza que vivía en Macas. Años antes, el esposo de Hanna se había interesado por el pueblo shuar nativo de Ecuador en la Amazonia occidental. Y así, se mudaron a Macas. Después de su muerte, ella probablemente siguió siendo la única persona blanca de habla inglesa de la ciudad. Lucía quizás pensó que sería bueno para mi psique tener la oportunidad de hablar como una persona normal durante un par de horas. Entonces, una noche cruzamos la ciudad para visitar a Hanna.

Sorprendiéndonos tanto a Lucía como a mí, Celine, la sobrina de Hanna que no la veía hacía mucho, había venido a visitarla desde Suiza. Celine y Hanna acababan de regresar de un recorrido por las Islas Galápagos. Las mujeres estaban cargadas de energía aventurera. Ambas nos contaron sus experiencias, ya que las dos tenían un gran dominio del inglés y del español. Siempre me había encantado conocer a las almas intrépidas que se toman el tiempo para viajar por este mundo, sin importar la razón. Aprecié mucho la intuición de Lucía que la llevó a presentarme a Hanna. Había reactivado mi lengua materna en la conversación. Sin embargo, ni Lucía ni yo intuimos una aventura al día siguiente con un avión. Nos enteramos más tarde, esa noche, después de haber regresado a la casa de Lucía.

A las nueve de la noche, Hanna llamó a Lucía y me ordenaron que tomara el teléfono. Hanna me contó con entusiasmo el plan de que yo acompañara a Celine en un viaje organizado para visitar a la tribu Shuar. Mi mente casi se bloquea una vez que expuso los detalles. Pensaba: *avioneta, jungla gigante, anacondas, jaguares. Puedo morir.* Decir que esto me sonó genial sería una de las mentiras más descaradas que se pudiera contar. Pero fui a por ello.

Había llegado tan lejos con suerte tonta. ¿Por qué no decir "sí"? En todo caso, la caballerosidad podría haber sido invocada como una razón legítima. Si no aceptaba ir, Celine tendría que ir sola. ¿Qué clase de hombre permitiría que eso sucediera? Aceptar ir, incluso en contra de mi sentido común autoconservador, era la única opción que tenía. Me reuniría con Celine en el aeropuerto por la mañana.

Ahora, aquí estábamos en la pista al final del vuelo. Salí del avión con una bolsa de ropa en la mano. Llevaba un sombrero de pescador y jeans azules. Tenía la correa de mi cámara sobre el hombro y me veía totalmente fuera de lugar. La gente caminaba desde todas las direcciones a través de la pista para recibirnos. Todos eran niños pequeños y adolescentes tardíos. Una era una madre con un niño atado firmemente a la espalda con una pesada tela marrón. Las piernas de su pequeño colgaban libremente hasta su cintura. Ella y sus familiares vestían ropa bastante normal. Llevaban camisetas de diferentes marcas, pantalones cortos y botas de barro. Aunque gran parte de sus ropas estaban más gastadas y parecían más usadas de lo normal.

Su piel era unos tonos más oscura que la de la mayoría de los otros ecuatorianos que había conocido. Esto podría deberse simplemente a vivir al aire libre y tener más exposición al sol. El rostro de la joven madre carecía de influencia europea, a diferencia de los de muchos ecuatorianos. Tenía pómulos altos, una mandíbula fuerte y una simetría perfecta, lo que la hacía bastante bonita. Había otra madre joven allí. Tenía las mismas características. También noté que su estructura facial era ligeramente diferente a la de otros ecuatorianos. Sus ojos estaban algo más separados. Estaban abiertos de par en par, más alerta, más nítidos y de un marrón más oscuro, todo lo contrario de mis estrechos y brillantes ojos azules. Esto ayudó a dar la primera impresión de una naturaleza enfocada.

Solo una de las madres jóvenes sonrió al conocernos. Creo que se debió al estímulo de Celine. Ella tenía su cámara y los estaba presionando para tomar fotografías. Esta gente era bastante callada. Pensé en su tranquilidad como algo potencialmente bueno o malo.

Un joven se ofreció a llevar mi bolso. Otro tomó el de Celine. Le permití hacerlo, sabiendo que probablemente lo habían enviado para eso. De lo contrario, habría preferido llevarlo yo mismo. Fue un lindo gesto. Pero cualquier viajero podría decirte que hay algo en la entrega de tus bienes a extraños que provoca una reacción instintiva inicial. La posibilidad número uno es que todo vaya bien y que te devuelvan las cosas cuando lleguen a donde diablos estuviésemos yendo. La segunda posibilidad es que mis cosas fueran revisadas y compartidas con el pueblo cuando llegásemos a donde diablos estuviésemos yendo. Sabía tan poco sobre la experiencia que se avecinaba que mi guardia estaba lo suficientemente alta como para quitar toda diversión. Me sentía increíblemente tensionado dentro de mi cabeza.

Celine parecía tomárselo con calma y tomar aún más fotos. Ninguno de los dos conocía a estas personas, sin embargo, Celine tuvo el coraje de obligarles a tomar fotos momentos después de salir del avión. A menudo tenía su cámara a uno o dos pies de sus caras. Me pareció de mala educación. *¿Cómo no reconocer su naturaleza reservada?* Cuestioné.

Mirando a nuestro alrededor, vi un solitario cobertizo en la pista. Creo que tenía una especie de teléfono. Esa era la única forma en que este viaje cobraba sentido para mí. Quizá Hanna hubiera llamado a alguien en el cobertizo de la pista para organizar nuestra llegada. En la periferia, todo era una densa jungla. Las enredaderas colgaban de los árboles; hojas anchas parecidas a palmeras se extendían en un completo abanico de tonalidades verde. Se nos indicó que siguiéramos a los jóvenes al bosque. Esto era inesperado.

Mi gran ansiedad exigía que notara todo lo que me rodeaba. El camino que tomamos comenzó con losas de madera que formaban una especie de base y borde. La mayoría de ellas se hundía profundamente en el barro. A medida que avanzamos, desaparecieron. Luego, caminamos, nos hundimos y resbalamos en el barro de la selva. El sendero se redujo a un poco más del ancho de un humano. Celine tenía lista la cámara frente a mí. Yo me fui a la retaguardia. Las plantas nos empequeñecían a ambos lados.

Habíamos caminado unos doscientos metros cuando llegamos a un árbol enorme. Me detuve en seco para apreciar su tamaño. Todos los demás siguieron adelante como si fuera normal, incluso Celine. Hice un comentario sobre el tamaño del árbol solo para ralentizarlos y poder mirarlo. El tronco de este árbol rivalizaba con la mayoría de las secuoyas costeras gigantes que había visto. A quince metros de altura, todavía tenía tres metros y medio de diámetro. Aún más extraño, su tronco inferior era tremendamente diferente a cualquier tronco de árbol que hubiera visto.

Debajo del cilindro gigante del tronco había listones de madera desplegados sobre el suelo. Esto generaba un diámetro mucho más amplio y una apariencia menos voluminosa al nivel del suelo. Estos listones del tronco se conocen como raíces de contrafuerte. No tenía capacidad verbal para conocer la especie de este gigante en ese momento. La investigación, más tarde, me llevaría a suponer casi con certeza que se trataba de un ceibo. Algunos especímenes de ceibo tienen un diámetro de tronco de 5,80 metros y 20 metros de raíz de contrafuerte. Son capaces de alcanzar una altura de 70 metros. Cruzarme con este árbol me emocionó mucho por las sorpresas que me esperaba en esta aventura en la Amazonia. El asombro momentáneo se desvaneció a medida que avanzábamos. Regresé al mundo de la precaución dentro de mi cabeza cuando nos acercamos a un claro. *Aquí debe ser hacia donde nos dirigimos.* A nuestra derecha había una ladera empinada. Celine y yo la subimos. Cruzando la cima y mirando a mi alrededor, noté cuatro típicas chozas. Estaban construidas con madera nativa y eran rudimentarias en todos los sentidos. Todo se mantenía seco dentro debido a los techos de paja. Sus paredes estaban fuertemente construidas con palos verticales colocados uno al lado del otro. No había puertas. Tampoco las paredes eran impermeables a la luz o al viento.

Luego, noté gente esparcida entre las chozas. Nuestros guías a pie se unieron a ellos para formar una unidad familiar de unos quince. Nos recibió un hombre llamado Jose. Era el padre y líder de la familia. No me referiré a él como anciano o jefe. No estaba seguro de la posición que le asignarían. Y Jose no parecía muy mayor. Puede que tuviera mi edad o fuera solo un poco mayor. Sin duda, Celine era mayor que él, teniendo cincuenta y cuatro años. Pronto descubrimos que diez de las personas más jóvenes que andaban por ahí eran hijos suyos y de su esposa, Pamela. Entre ellos se encontraban nietos muy pequeños, hijos del hijo mayor de Jose.

Jose tenía el cabello espeso, negro y ondulado, mantenido a una moda no muy distinta del afro corto de los años setenta. Era un hombre de aspecto corpulento de quizás un metro setenta de altura. Su esposa, Pamela, compartía el aspecto naturalmente bonito que había notado en las dos madres jóvenes que acababan de entrar con nosotros. Jose presentó con orgullo a todos sus hijos. Anoté sus nombres en un bloc de papel que luego perdí. Sorprendentemente, el hijo mayor de Jose era mucho más corpulento que su padre. Este joven que vivía en la jungla estaba tan en forma y musculoso como cualquiera de esas ratas de gimnasio con cuerpo bronceado que intenta venderte suplementos en los comerciales.

Me sorprendió la apariencia del joven. Sabía que era mejor no enojarlo. Tenía que ser el doble de fuerte que yo y definitivamente bueno con el machete. *¿Cómo diablos se puso así? ¿Estaba literalmente haciendo flexiones y sentadillas todo el día, o era simplemente genético?* No había notado que otros ecuatorianos tuvieran esa constitución natural. Una vez pasé meses haciendo ese programa P90X y no terminé ni cerca de estar tan musculoso.

Entre los más jóvenes de los nietos de Jose, noté una gran intriga debido la forma en que me miraban. La relación de Celine con ellos parecía más fácil que la mía. Celine parecía llevarse bien con todo el mundo. Era una fanática de las fotografías. Tenía la misión de capturar cada rostro, las chozas, los momentos, todo. Además de eso, estaba interactuando con los niños pequeños e intentando hacerlos sonreír para sacar buenas fotografías.

Esa no es mi naturaleza. Yo soy un observador. Mi cerebro es un archivador y tiendo a aislarme un poco de las interacciones que me alejan de esa naturaleza. Estos niños pequeños me tenían mucho miedo. Soy alto y ese podría haber sido el primer motivo de su miedo. Puede que haya sido el humano más alto que habían visto. Soy pelirrojo de pies a cabeza. Mi cabello podría haberlos asustado. Pero en el fondo, la valoración inocente que Dios les dio de mí fue que era un algún tipo de humanoide de aspecto extraño.

Eran lo suficientemente jóvenes como para que esta pudiera haber sido su primera interacción con un verdadero hombre blanco. No se me escapó la rareza que probablemente sentían. Me sentiría igual al mirar a Pie Grande. Además de eso, tengo la piel extremadamente pálida. Y lo que es peor, esa piel pálida se había quemado recientemente por el sol durante la excursión al Parque Nacional Sangay. Había pasado todo el día en el parque, expuesto al sol y sin protector solar.

Ahora, mi cara se estaba pelando en compañía de estos niños, y esos niños se daban cuenta. Se alejaban de mí como si yo estuviera enfermo con nada más que la más pura expresión de preocupación en sus rostros. Me los imaginaba pensando que había perdido todo el color por una enfermedad. Parecía que estaban alarmados instintivamente. Sus ojos no me daban un momento para relajarme sin pensar en su juicio inocente. Tres de ellos nunca se interesaron por mi durante toda nuestra estancia.

Había una estructura tan fuera de lugar como yo en su pequeña aldea. Era una especie de lugar de reunión elevado, como una terraza cubierta por un techo. Estaba a un metro del suelo y era la única estructura construida con madera dimensional. Supongo que medía 3,5 metros de ancho y 6 metros de largo. Nos invitaron a entrar y tomar asiento.

Yo era un desastre sudoroso por la caminata y no tenía ninguna idea de lo que debería estar haciendo. Siempre he sido generoso con una sonrisa, así que lo hice por defecto para salir adelante. Celine se mezclaba como si estas personas fueran su familia. Entonces, una de las madres jóvenes se acercó con un cuenco de madera de sopa color crema. Hizo una oferta extendiéndola hacia mí. Sin dudarlo, lo agarré y lo consumí. Mi pensamiento era: *come y bebe lo que te ofrecen. Haz lo que pidan. Y eso mantendrá mi cabeza sobre mis hombros.*

No debo dejar de lado que el pueblo Shuar es la tribu amazónica conocida específicamente por la decapitación y el encogimiento de cabeza. Es una práctica que se usa con menos frecuencia en los tiempos modernos. Cuando era más usada, se hacía durante las guerras entre las tribus locales. Las cabezas de los enemigos caídos eran reducidas y retenidas por su supuesto acceso al poder del alma de la víctima.

Bebí del plato de sopa que me ofreció, y Celine también. Ambos desconocíamos sus ingredientes. Y dado el calor y la humedad, la temperatura ambiente de la sopa y su grosor general, mejor que no lo supiéramos. Especialmente yo. Tengo la maldición de tener un estómago débil. Nunca he sido quisquilloso con la comida. Simplemente siento náuseas más fácilmente que la mayoría. Cuando era niño, no podía dar vueltas en círculos en la piñata, o montar los paseos giratorios en el festival o rodar por la colina cubierta de hierba con mis amigos. Hacer estas actividades me llevaba al borde de los vómitos demasiado pronto. Las heridas con sangre y deformidades a veces me hacen desmayar. Y el vómito, y cosas asquerosas como el vómito, me hacen vomitar.

Aquí en la Amazonia lo que estábamos tomando era la chicha. Nos habían ofrecido, y habíamos consumido rápidamente la cerveza escupida fermentada. Esta chicha resultó ser una de las cosas específicas que me había prometido a mí mismo, como un hombre interesado en viajar, que evitaría si alguna vez tuviera la oportunidad de consumirla.

La chicha es una cerveza hecha con uno de los trucos más inteligentes de la naturaleza, de esos que te hacen preguntarte cómo lo descubrió la primera persona. La cerveza es algo simple de hacer, si tienes los ingredientes. Pero para la chicha necesitas la planta de mandioca, conocida popularmente como yuca, agua hirviendo y la enzima ptialina que se libera de la boca de un ser humano.

Al masticar la planta de yuca con almidón y escupir el contenido en un recipiente de recolección, el almidón de la yuca se convierte en maltosa. Más adelante en el proceso, una levadura de origen natural que existe en el aire comienza una fermentación espontánea a medida que devora el azúcar en el líquido. Mi estómago dio un vuelco cuando me enteré más tarde qué habíamos bebido.

Las ofrendas siguieron llegando, y Celine y yo bebimos hasta que no pudimos más. Era algo a ciegas saber cuándo rechazar una oferta. Mientras bebíamos, la joven madre me servía chicha pero miraba fijamente a su izquierda. No sabía por qué, pensaba que tal vez se estaba riendo con su familia mientras yo bebía la misteriosa sopa.

Celine preguntó más tarde: "¿Sabes por qué apartó la mirada mientras te servía?". "No. ¿Por qué?", dije. "Si una mujer Shuar mira directamente a un hombre mientras bebe chicha, entonces quiere acostarse con él", me explicó. No me sorprendió que apartara la mirada. Esa ha sido mi experiencia de vida con las mujeres. Definitivamente no me parezco a Brad Pitt. Mi apariencia es en parte duende, con otro treinta por ciento de duende.

La bienvenida con la chicha terminó y estábamos listos para hacer aquello para lo que habíamos venido. De alguna manera, Hanna había organizado una expedición a la jungla para ver algo que pensó que nos encantaría. Jose nos guiaría quién sabe cuánto tiempo hasta Dios sabe dónde. Disculpa mi vaguedad, pero ese era todo el conocimiento que tenía yo. Al igual que cualquier incidente con Lucía, yo participaba pero no tenía idea de qué pasaba.

Jose nos reunió a Celine y a mí. Tres de sus hijos pequeños querían acompañarnos. Nuestro grupo salió del pueblo por un sendero directo al bosque. Luego de unos cientos de metros, cruzamos un puente colgante de tablones de madera. Luego, pasamos de esa última parte de la infraestructura a un camino cubierto de hojas. Lo seguimos fácilmente. El suelo debajo era de barro blando. Las plantas crecían y obstruían el espacio aéreo del camino. Jose puso en uso su machete inmediatamente para despejar ramas pequeñas y hojas grandes. Este era un camino que no se usaba a menudo.

Cruzamos un árbol caído. Jose y los chicos pasaron por debajo. Celine y yo también lo hicimos. Pero llevábamos cámaras voluminosas y no estábamos acostumbrados a caminar con botas de barro. Tenía puesto un sombrero de pescador y luché por agacharme lo suficientemente bajo con las incómodas botas y con la cámara balanceándose cerca del suelo. Me sentí como un turista infantil mientras trataba de evitar que el árbol me golpeara el sombrero, que la cámara no se mojara y que mis jeans y mis manos no se hundieran en el barro. Era un poco alto para pasar por debajo del árbol, pero me esperaron. Creo que esta podría haber sido la primera mirada de Jose para expresar: "Vamos, hombre. ¿En serio?".

Las precauciones que tomé para mantenerme algo limpio y seco se consideraron obsoletas a los pocos minutos del camino. El grupo llegó al primer cruce del río. No estaba tan mal. Era poco profundo, rocoso y ligeramente rápido. Jose intuyó que nos gustaría mantener nuestras cámaras secas. Nos pidió que se las diéramos. Lo hicimos, y él abrió el camino hacia el agua, sosteniendo nuestras cámaras en alto. Vi esto como la mejor opción. Conocía este río y tenía todo grabado en su memoria muscular. Él estaba al tanto de cualquier obstáculo submarino de la misma manera que yo lo estaba en relación a mi río Shenandoah natal. Esta vez, no me importó ser un turista de baja categoría. Fue inteligente.

En la orilla opuesta del río, noté que el camino se achicaba hasta casi nada. Ya levábamos caminando por una senda que hacía que el Sendero de los Apalaches pareciera una autopista. Ahora, recorríamos un mapa dentro de la mente de Jose. Conocía el camino sin que hubiera un sendero.

Lo seguíamos, y él se esforzaba por mostrarnos esta o aquella especie de planta. Nos mostró la infame combinación de vid y hoja que los chamanes locales usaban para elaborar el alucinógeno natural más potente del mundo: la ayahuasca. Por supuesto, ninguna de las dos plantas estaba cerca de la otra. Si no las hubiera señalado, hubiéramos pasado por al lado de ellas sin pensarlo. Estábamos en el mundo de las plantas. Estábamos en su terreno. Aquí en la Amazonia, su densidad de población botánica era como la de los humanos en Bangladesh.

Era imposible seguir al grupo sin ser atormentado por la idea de una emboscada de un jaguar. Yo estaba en la retaguardia. Una persona no podía ver doce metros delante en el bosque. La maleza creció hasta el dosel como una pared verde ininterrumpida. Confié en que Jose conocía las costumbres de los animales y mantuve mi mente no lejos de mi navaja de diez centímetros.

Había una parte del sendero hecha de grandes rocas. Algunas tenían casi cuatro metros y medio de diámetro. Todas eran resbaladizas como piel de salamandra. Jose las cruzó como un chivo. Celine luchó un poco aquí. La ayudé con una mano, notando que la goma de nuestras botas de barro no estaba diseñada para escalar rocas cubiertas de musgo. Mientras sostenía su mano, sin saberlo, ella me estabilizó. Nos fue mejor escalando en equipo. Una caída aquí y aterrizaríamos en los rápidos abajo, pero en realidad no estábamos tan alto.

Por el camino, cruzamos el río cinco veces. A veces, el agua llegaba hasta el pecho. *Dondequiera que estemos yendo, debe ser bueno. ¡Esta caminata ha sido increíble por sí sola!* Ya llevábamos casi tres horas caminando cuando llegamos a un lugar amplio y tranquilo en el río. No sabía si este era otro cruce del río o nuestro destino.

Jose dijo que eso era todo. Mientras miraba a su alrededor, era bastante evidente que esta podría ser la razón por la que habíamos venido. Habían tres cascadas que salían de la jungla. Cada una tenía solo seis metros de altura. Pero cuando me di cuenta de que dos de ellas estaban muy calientes, ¡mi mundo cambió con una oleada de intriga y una sonrisa gigante! "¿Cascadas calientes? ¿Qué diablos es una cascada caliente?", pensé.

Volamos en un avión desde una pequeña ciudad en el este de Ecuador hacia la jungla, bebimos un poco de sopa de cerveza, caminamos durante tres horas por el país de la ayahuasca con un hombre que proviene de un linaje que encorge cabezas, todo para descubrir otra de las maravillas escondidas bajo la manga de la madre naturaleza. Aquí, ella habría dicho: "Caramba, ni todas las cascadas tienen que ser frías. ¿Qué tal si hago unas calientes? ¡Esto les debería gustar a los humanos!". ¡Y la Madre Naturaleza se rio! Y así se hizo.

No podría haber sentido más aprecio por Hanna por este viaje, ni por Celine por invitarme a unirme, ni por Lucía por presentarme a Hanna, ni por Jose por acogernos y guiarnos. Y a Dios y a la Madre Naturaleza por su creación. Es increíble lo fácil había vivido toda una vida sin saber de la existencia de las cascadas calientes. Su existencia no había estado ni un milisegundo en mi pensamiento en mis treinta y cinco años de vida. La única conexión que había hecho con el agua caliente natural eran los géiseres de Yellowstone, que nunca había visto en persona.

Esta sección del río me trajo a la mente una laguna. Mientras que los anteriores cruces de río habían sido rápidos y estrechos, esta área era como una piscina, quizás debido a su ancho. Tenía el doble de ancho que muchos de los tramos que habíamos cruzado. La caminata había sido río arriba. Ahora, mirando aún más río arriba, veía que el agua continuaba alrededor de una curva cerrada formada por un afloramiento rocoso espeso y cubierto de plantas. Las cascadas calientes se encontraban aquí con el agua fría del río. Esa combinación hacía levantar niebla. El hecho de que no pudiéramos ver río arriba significaba que la jungla formaba una completa muralla verde a su alrededor. Las cascadas atraían toda la atención y me dejaron comparando este lugar con el aspecto encantador de los bosques de la película *Avatar*.

Me quité la camisa, exponiendo al Amazonas a posiblemente la piel más blanca que ese lugar de la selva hubiera visto hasta entonces. Me lancé hacia adelante en el agua poco profunda y floté hasta la cascada caliente más cercana. Esta no caía tan directo como las otras dos. Aquellas parecían caer directamente desde las plantas que colgaban a seis metros sobre el agua. Esta era maravillosa porque el agua caliente había dejado un depósito de minerales de color naranja extrañamente brillante en la superficie de la roca. El agua caía con fuerza, salpicando las partes sobresalientes de la piedra. Hacía suficiente calor como para ser doloroso si hubiera estado completamente sumergido debajo de ella.

En esta cascada, el punto óptimo estaba a un pie de la roca. El chapoteo se sentía como una ducha caliente con una excelente presión de agua. Los hijos pequeños de Jose disfrutaban mucho de estar dentro y alrededor de esta cascada. Seguramente nunca habían experimentado una ducha caliente en casa después de un largo día de trabajo. Sin embargo, aquí, la naturaleza les había dado un día en el spa.

Celine estaba tan emocionada como yo, pero no creo que estuviera tan sorprendida. ¿Quién sabía la conversación que tuvieron ella y Hanna antes de que me invitaran? Jose parecía en su hábitat y se lavó un poco en la otra cascada caliente. Con el tiempo, me acerqué para comprobarlo. La cascada caliente estaba a solo cinco pies de otra cascada. La primera tenía un flujo más fuerte, mientras que la otra caía con la fuerza de un par de grifos de cocina. Poco sabía yo, la primera estaba caliente, ¡¿pero puedes creer que la otra estaba helada?! Con mi altura, podía estirar mis manos lo suficiente como para tener una en una cascada fría y otra en una cascada caliente al mismo tiempo. Mi mente se expandió humildemente. ¿Quién sabía que esto era posible?

Dado que ambas caían aparentemente desde las mismas plantas, no había pistas de depósitos minerales a lo lejos que nos mostraran que una estaba caliente y la otra fría. Es fantástico saber que dos corrientes de agua viajaban a través de una roca desde dos fuentes diferentes tan cerca. Aun así, no se mezclaban. La caliente estaba muy caliente y la fría, muy fría. No tenía ni un poco de calor.

Jose estaba justo a mi lado cuando dijo: "¿Lindo?". Lo miré, sonreí y dije: "Sí". Luego, volví a nadar, maravillado con el lugar. Un par de minutos después, él repitió sus palabras. Hice lo mismo otra vez. Y volvió a pasar una vez más. Luego llamó la atención a Celine y le dijo lo mismo. Ella me miró y dijo que era hora de irse. Había confundido *listo* con *lindo*. Pensé que Jose me estaba preguntando si el lugar era bonito y había respondido: "Sí". Pero él se había estado preguntando si yo estaba listo para irnos. La confusión no pudo dominar mi estado de ánimo. Estaba feliz, y más aún, viajando en el tren de la buena fortuna.

Mientras nadaba, llegué a la conclusión de que me encontraba en el lugar más remoto en el que había estado. Si un hombre del mundo exterior encontrara estas cascadas sin la ayuda de los Shuar, estaría en serios problemas. Cuanto más nos acercábamos a ellas, menos rastro había para seguir. Después que pasamos por encima de las rocas, ya no había rastro alguno. Cada vez que cruzábamos un río, no se veía ningún sendero que continuara por el otro lado. Seguimos a Jose con fe ciega. Si descubrieras estas cascadas sin él, no tendrías ninguna posibilidad de ser rescatado. Si nos hubiéramos resbalado de una roca y roto un tobillo, solo tendríamos una forma de entrar y salir: ese sendero. Yo, desde luego, nunca me había adentrado en una selva luego de un vuelo y una caminata de tres horas en Estados Unidos.

Salimos de la laguna en la misma dirección por la que habíamos venido. Nuestras piernas ya estaban entrenadas para caminar, así que los cruces de ríos fueron algo más fáciles. Estábamos empapados de nadar, así que no había necesidad de andar de puntillas. Celine se dedicó a sacar fotos de algunos pájaros de la jungla en nuestro camino de regreso. Su cámara era de mucha mejor calidad que la mía. Podía enfocarse instantáneamente y no perder a los pájaros mientras pasaban volando rápidamente. Mis fotos de los pájaros parecían manchas de colores sobre un fondo verde. Tenía una Canon Rebel T2i. Era cara para mi estatus de obrero, y se vendía a 800 dólares al por menor el día que la compré. Era perfecta para fotos estáticas, pero su enfoque automático se retrasaba para tomas de milisegundos.

Atardecía durante nuestro regreso. Celine se mezcló con la gente de Jose y yo me tomé un tiempo para grabar un video cerca de un arroyo donde, más temprano ese día, había visto a las mujeres bañando a sus bebés. Después, Jose me llevó a un lado para mostrarme con orgullo dos bidones de chicha de unos cien litros que él había fermentado. Miré con una sonrisa y solo pude pensar: *bien por ti, amigo. Puede que yo ya no quiera más, ¡pero bien por ti por tener mucho de lo que disfrutas!*

Cuando llegó la noche, nos reunimos en la terraza cubierta del pueblo. Celine mostró las fotos del día a los más pequeños y les permitió pasar entre ellos su cámara. Mostraron un gran placer al verse en su pantalla. Me pareció muy acogedor y surrealista observar a estos niños interactuando con su cámara. No pertenecían a la cultura de las *selfies*. Tampoco darían por sentada esta interacción con la tecnología. ¡Sus sonrisas eran tremendas!

Nos sirvieron la cena poco después. Nuevamente, tuve que enfrentar un desafío con respecto a la comida. Mi estómago revuelto casi se derrumbó sobre sí mismo cuando me entregaron el plato. Allí yacían ocho feos pescados recién hervidos. Tenían toda la belleza genética de un moco. Sus escamas parecían demasiado grandes para el tamaño de su cuerpo. Su color era el del barro. Sus ojos eran pequeños para su cabeza, y su enorme boca estaba en la parte inferior del cuerpo. Tenían una aleta dorsal agresiva y puntiaguda que parecía lista para la guerra. Lo que teníamos aquí era bagre acorazado o pleco. Tenían unos veinte centímetros de largo. Miré a mi alrededor, esperando seguir el ejemplo de Celine. Pero ella tampoco estaba entusiasmada. Ninguno de los dos sabía qué hacer con ellos. Entonces, tomé mis uñas sucias y escarbé, despegando las escamas. Efectivamente, la carne de la espalda era de un blanco brillante y fácil de sacar. El pescado se cortaba muy fácilmente después de ser hervido. Agarré un trozo y lo arrojé a través del umbral de mis dientes. ¡Tenía un sabor genial! El segundo bocado confirmó que no tenía un sabor muy diferente al de la carne de cangrejo. Esto motivó la idea de comer el resto. Acompañando al pescado había tiras gruesas y hervidas de yuca. Por sus medios, Jose nos había obsequiado un manjar y una copiosa cena para reponer la energía usada en la caminata del día.

Celine y yo agradecimos la sorpresa del momento. Amo la variedad y la novedad de otras culturas. Pero cada tanto es imposible no juzgar un libro por su portada. Celine y yo lo habíamos hecho con esos peces. Una vez más, no soy quisquilloso con la comida, ya que he descubierto que solo hay cuatro cosas que no puedo comer: caramelo *butterscotch*, regaliz negro, chucrut y aceitunas. Esos sabores atacan a mi lengua. Definitivamente me habría comido aquellas bolas en casa de Lucía si hubiera sabido que solo eran huevos. Pero eso es todo, ya que incluso los pescados de aspecto extraño forman parte del menú ahora.

Se estaba haciendo tarde, y estas personas se despertaron con el sol. Jose nos mostró en qué choza nos alojaríamos. Dentro, había dos catres hechos con ramas.

Trajimos un poco de equipaje para que sirviera de mantas. Celine se sentó en un catre en un extremo y yo en el otro. Entre nosotros había un fuego para mantener alejados a los insectos. Su método para mantener el fuego era novedoso para mí. Mantenían las brasas calientes en medio de tres troncos, colocados en forma de Y. Cuando los extremos se quemaban, cerraban la brecha acercándolos. Esto era muy diferente a apilar troncos uno encima del otro, como siempre lo había hecho.

En la oscuridad y tranquilidad de la noche, Celine y yo hablamos sobre el día. Ella estaba feliz de que yo hubiera venido, pero estaba sorprendentemente molesta de que no fuera más abierto y aventurero. Tenía razón en un aspecto. A menudo soy demasiado reservado, con una dosis de tranquilidad, especialmente cuando estoy sobrio. Para ella, era imposible sentir mi gratitud interna y cómo no se necesitaba mucho para dejarme contento. Entonces, ella determinó que yo no estaba siendo lo suficientemente extrovertida.

Básicamente, tuvimos una discusión sobre ella pensando que yo no era lo suficientemente hombre. En su mente, yo debería haber sido Bear Grylls en cada situación que el día nos había presentado. A menudo, no tomaba la iniciativa. No inicié una conversación con la familia de Jose. Estuve aprensivo en relación a comer el pescado. Había estado nervioso en el avión. Ella estaba molesta por cosas como esas. Que lo dijera me sorprendió un poco. Estaba feliz de estar allí y tratando de no terminar en una situación en la que un helicóptero no pudiera rescatarme.

Nunca se enteró de lo grosero que me parecía que ella empujara su cámara en las caras de estos extraños. No sabía lo pomposa que la hacían lucir sus gestos y modos suizos. Pero yo nunca me rebajaría a su nivel de mala educación diciéndole eso. ¿Por qué arriesgar arruinar para ella esa experiencia única en la vida? Ojalá ella hubiera hecho lo mismo conmigo.

Esto me llevó a apenas dormir por la noche. A las tres de la mañana, un gallo comenzó a cantar justo fuera de las paredes de palo de nuestra choza. Cantó hasta el amanecer. No volví a quedarme dormido. Celine y yo no éramos viejos amigos que lo superaríamos rápidamente. Éramos simplemente unos viajeros improvisados. Yo era su compañero de viaje desconocido. Ella era mía.

Hacia la civilización

Llegó la mañana y el plan era partir a las siete. Jose se reunió con nosotros en la cabaña para cobrar el pago acordado por la caminata. El costo era de veinte dólares cada uno. Con mucho gusto le pagamos. Pero luego, inesperadamente, pidió más. Esto llevó a Celine, o tal vez a la naturaleza suiza dentro de ella, a descontrolarse un poco. Ella lo veía como *un trato es un trato*. Yo lo veía como, *¿cuál es el problema?* Jose quizá había asumido que teníamos más dinero del que realmente teníamos. El comportamiento de ella fue muy vergonzoso. La convencí de que le pagara un poco más, diciéndole que pagaría la mitad sin problemas.

Jose no era un guía turístico. Nunca había dirigido un negocio turístico. Era simplemente un conocido de Hanna que había dejado de hacer lo que estaba haciendo para recibir a los gringos extraños. Nos preparó un manjar, que alguien tuvo que atrapar fresco, y un lugar para dormir. Un extra de veinte valía el esfuerzo. Pero los suizos son los suizos, aprendería yo. Son prolijos, ordenados y no muy flexibles. Lo observé como una mentalidad. Jose terminó logrando los veinte dólares extra. Y si yo hubiera tenido más dinero conmigo, él habría tenido otros veinte más. No traje todo mi dinero a la jungla. Lo había dejado en casa de Lucía.

Afortunadamente, todo se resolvió pronto. Celine y yo tomamos nuestros bolsos y seguimos a Jose y a su esposa fuera del pueblo por un camino diferente. Teníamos que encontrarnos con un joven que nos llevaría cuatro horas río abajo en canoa. Ahí estaba la carretera más cercana. Y era donde encontraríamos un taxi de regreso a Macas.

El sendero era corto y, como estábamos en el Amazonas, perpetuamente embarrado. En diez minutos estábamos en la orilla de un río diferente al de la caminata del día anterior. Celine y yo subimos a la canoa. Expresamos nuestro agradecimiento a Jose y Pamela repetidas veces. Las sonrisas se compartían fácilmente entre nosotros. El problema del dinero no pasó a más. Sin embargo, tenía la sensación de que todos estábamos contentos de que hubiera terminado. Mientras nos alejábamos, Jose saludó con la mano y dijo un cordial "¡Adiós!". En mi estadía en Ecuador, aprendí que cuando un hablante nativo de español dice adiós, no planea volver a verte. De lo contrario, usaría uno de muchos otros saludos como, *hasta luego*, *chao* o *hasta la próxima*. Esos son menos permanentes, culturalmente.

Así comenzó una aventura salvaje dentro de una aventura. Ahora estábamos en una canoa a gasolina. Pensé que posiblemente se había hecho a partir de un tronco. No pude confirmar esto, pero con los árboles gigantes de ceibo disponibles, es posible que hubiera sido tallada en un viejo tronco de árbol. El río era ancho, fangoso y veloz. El motor era potente y nuestro joven capitán era un tipo silencioso. De inmediato, todo lo del día anterior quedó encerrado en un archivo feliz en mi cerebro, y pasé al presente, al viaje en barco. Celine también estaba disfrutando este cambio de ritmo.

Las riberas del río estaban fuertemente cubiertas por la vegetación. Aquí y allá vimos algún pájaro. Uno de ellos era grande y marrón. Para mí parecía un pollo, aunque era más exótico. Creo que era un hoacín. Se asustó con nosotros, y respondió volando de una manera engorrosa, como un pollo, y aterrizó en una rama delgada. La rama se balanceó dramáticamente hacia arriba y hacia abajo con su peso.

Había abundantes ceibos que se elevaban entre los otros árboles. Nuevamente, me encantó ver su altura y sorprenderme de darme cuenta de que el Amazonas tenía árboles gigantes. Navegamos por el río, yendo de una ribera a la otra. El joven se adaptaba al flujo del río para tener mayor eficiencia. Cuando llegábamos a rápidos, nos llevaba por el camino más seguro. Aquellos siempre eran emocionantes, sabiendo que un accidente aquí podría conducir a la muerte. ¿Quién sabe qué había en esa agua? No se podía ver ni una pulgada de profundidad debido al limo.

Nos encontramos con algunas personas en un banco. Nuestro capitán se acercó a ellos y se detuvo. Ocho personas abordaron con un barril de chicha envuelto en una bolsa de basura negra. Llevaban sonrisas vacilantes. Probablemente no todos los días había blancos navegando por el río. Había una niña de unos dos años con ellos. Se mantuvo pegada al costado del bote para poder inclinar la cabeza hacia atrás y mirarnos. Estaba segura de que era una de las que no había visto antes a una persona blanca. Volví a admirar el juicio y la curiosidad puros e inocentes de los niños. Ella no parecía asustada. En cambio, parecía como si estuviera uniendo las piezas de lo que estaba mirando.

Imagina que te dan diez segundos para mirar a un extraterrestre. ¿Cuántos de esos segundos perderías mirando hacia otro lado? Nuestra propia naturaleza humana es tan curiosa que nos obliga a buscar una conclusión. "¡Detalles! ¡Necesitamos más detalles! ¡Y más tiempo!", gritaríamos. Esta niña pequeña iba a usar todo su viaje en bote para entendernos. Yo no tenía problemas con eso.

Los dejamos un rato después. Había sido un viaje tranquilo. Yo estaba explorando mis pensamientos con bastante profundidad, pensando en cómo este paseo por el río era como ver la evolución de las viviendas humanas. En la casa de Jose, el noventa por ciento de los materiales de construcción para sus estructuras habían sido extraídos directamente de la naturaleza. No habían sufrido otra alteración más que ser cambiados de lugar usando técnicas Shuar. Río abajo, veríamos chozas con techos de paja cada vez más mezcladas con grandes estructuras de madera. Otra hora más y ya no había cabañas. Otra media hora río abajo, y noté que se usaban algunos bloques de cemento. Y luego, había una casa moderna propia de la región. La complejidad de las viviendas correspondía a su distancia con la carretera.

La palabra *Vietnam* también seguía viniendo a mi mente. El río y la jungla se combinaban para formar una imagen de Vietnam que de alguna manera había conjurado. Probablemente provenía de la cultura pop. Yo nunca había estado en Vietnam. Pero aquí, el terreno tenía un aspecto que ni siquiera había asociado remotamente con Ecuador. Ese territorio mental era propiedad de hermosas montañas. Este fue uno de esos momentos del viaje en los que, si me hubieran vendado los ojos y colocado allí, y luego me permitieran mirar a mi alrededor y me preguntaran dónde estaba, rápidamente habría dicho: "Vietnam".

El viaje terminó en un muelle en un pueblo de aspecto primitivo. Uno de sus diez edificios era un restaurante. Algunos eran hogares. Creíamos que se trataba de Puerto Morona, o que estaba cerca de Puerto Morona. Hasta el día de hoy, eso sigue siendo solo una suposición. En ausencia total de señalización, Celine y yo no podíamos saber dónde estábamos o dónde se suponía que debíamos estar para tomarnos el taxi. Ella se fue en busca de respuestas, ya que su español era mucho mejor que el mío. También era mucho más probable que hablara con los demás. Yo me quedé vigilando nuestras bolsas bolsas y saludando a la gente que pasaba.

Después de diez minutos, me aburrí, agarré nuestras cosas y fui a buscarla. Ella había encontrado una tienda improvisada entre las estructuras. La encontré hablando con un hombre de cuarenta y tantos años detrás del mostrador. Tenía el habitual aspecto amistoso de los demás. Pero la suiza dentro de Celine estaba desatada.

Me di cuenta de que había un problema. Esta vez, ella tenía razón.

Celine había comprado algo y había dejado sus gafas graduadas sobre el mostrador. En el diminuto momento de distracción, mientras buscaba su dinero en su bolso, el hombre rápidamente tomó sus lentes. Valían 130 euros. Cuando llegué, ella ya había aclarado que no había otro lugar donde pudieran estar porque ella las tenía momentos antes. El chico le estaba mintiendo con una sonrisa en su rostro. Sabía que ella no podía hacer nada al respecto. Ese fue el momento en que yo tenía que ser o valiente o inteligente.

No me gustaba que se estuvieran aprovechando de mi compañera de viaje. Pero tampoco me gustaba pensar en nuestro destino si yo lo golpeara. No parecía representar una amenaza física real. Sin embargo, desde el momento en que bajamos de la canoa, comencé a contar machetes. No había más que una docena de hombres en este pequeño pueblo. Pero todos tenían machetes. Yo no tenía a mi costado nada más que quemaduras de sol, por lo que la jugada que debíamos hacer era aceptar y tratar de salir de allí con el cuello intacto.

Celine no lo permitiría. Ella protestó hasta que comenzó a llamar la atención hacia el mostrador de la tienda al aire libre. Sorprendentemente, un joven, más alto que yo, se acercó para ver qué estaba pasando. Era el único hombre sin machete. Su interés se debía a que era taxista. Nos vio como una oportunidad de negocio. Celine tomó esto como una oportunidad para que él negociara con el otro chico por sus lentes. Él no lo haría. Lo supe de inmediato. Ella no podía ver en sus ojos que a él no le importaba una mierda si ella perdía sus lentes. Además, ciertamente sabía que nos superaban en número.

A pesar de los defectos que Celine me había remarcado la noche anterior, yo estaba muy por delante de ella en cuanto a astucia callejera. Crecer en los parques para casas rodantes de Virginia Occidental te enseña una o dos cosas. No había forma de que el taxista se pusiera del lado de un extranjero desconocido y en contra de alguien que conocía. Yo sabía que él sabía que el vendedor tenía las gafas. Su lenguaje corporal y sus sonrisas compartidas eran tan fáciles de leer como el abecedario. En gran parte de Virginia Occidental, la gente no quiere a los forasteros por el hecho de ser forasteros. Me había enfrentado a esa aversión yo mismo de parte de algunos que no sabían que yo era un nativo. Aquí, estábamos más fuera de lugar que en cualquier otro lugar en el que hubiera estado. Estos hombres tenían esa misma aversión campesina profunda hacia los forasteros que yo había llegado a conocer en mi región.

En un momento de claridad, Celine accedió a ceder y dejar que el taxista nos llevara al siguiente pueblo. Una cosa que supimos del vendedor, así como del taxista, fue que el capitán de la canoa nos había llevado cuatro kilómetros de más río abajo. Es posible que estuviéramos en la frontera con Perú o que hubiéramos cruzado a Perú sin saberlo. Nunca lo supimos.

El capitán de la canoa ya se había ido. Nos subimos al taxi y comenzamos a retroceder río arriba. El enojo de Celine comenzó a arder una vez más. Ella simplemente no podía dejarlo pasar. Exigió que el conductor detuviera el auto. Su falta de voluntad para ayudarla a negociar sus gafas la hizo hervir de rabia por su avidez por conseguir nuestro negocio. Salimos del coche y sacamos nuestras cosas del maletero. El taxista estaba enojado. Se estaba volviendo sarcástico. La situación empeoraba. Luego él llevó a Celine al límite de su disgusto cuando terminó el refresco que estaba bebiendo y tiró la botella de plástico al borde de la carretera.

Descubrí que no haces eso frente a una mujer suiza esperando silencio. Celine explotó contra él, hablándole de la basura como si ignorara por completo las diferencias culturales entre los suizos y el resto del mundo. Para mí, ella rompió una regla cardinal de viajes. Proyectó sus valores sobre un hombre que no la conocía en absoluto. Mientras tanto, estaba sumergida en su cultura y en su país. Yo permanecí tranquilo. Tenía que ser racional para evitar convertirme en cebo picado para peces. Amaba demasiado a mi familia como para perder la vida por un par de gafas y una botella de plástico. Yo claramente no estaba ofendido.

Mierda, crecí en caminos rurales donde los basureros eran algo común. No digo que estuviera bien. Solo digo que lo único que Celine y yo teníamos en común era la piel blanca. A nuestro alrededor, todavía había hombres con machetes a la vista, ya que apenas habíamos dejado el pueblo. Y ahora, atraíamos la atención de casi todos. La voz de Celine simplemente no nos estaba ayudando.

Su resolución fue que caminaríamos río arriba hasta la siguiente pueblo. Era lo suficientemente temprano como para tener la luz para hacerlo. Así que nos fuimos. Media hora después, casi nos reímos de lo locas que eran las cosas y de cómo nos encontrábamos caminando al azar por un camino en la jungla. El sol brillaba. El aire estaba fresco y limpio, y la temperatura era perfecta. Flores de aspecto radical se alineaban a lo largo del camino. De lo contrario, no las hubiéramos visto. No fue del todo malo.

Escuchamos una bocina desde atrás. Un anciano se detuvo en una camioneta blanca. Había notado toda la conmoción y nos ofreció llevarnos. Tenía ojos de piedad. Celine y yo subimos a la parte trasera de su camioneta con nuestras cosas. La aventura entró en otra corta etapa mientras nos alejábamos.

El próximo pueblo no estaba a más de un par de horas a pie, pero el viaje en coche fue más rápido. Esperamos allí, con mucha incertidumbre, a que llegara algún taxi. Todavía no sabíamos si estábamos en el lugar correcto. Pero por suerte, un joven taxista llamado Barnaby nos vio una hora después. Nos quedaba por delante un viaje de tres horas para regresar a Macas.

Tomé esto como una oportunidad para una siesta, ya la noche anterior había dormido aproximadamente solo dos horas. Incliné el asiento delantero hacia atrás y me quedé dormido rápidamente. Solo un par de kilómetros más tarde, una conmoción me despertó después de que el coche se detuvo. Había hombres jóvenes de pie en la carretera con una cuerda cruzada. Cuando abrí los ojos, un joven vestido con un vestido rosa y con lápiz labial asomó la cabeza en la ventana del pasajero directamente encima de mí. Exigió dinero. Yo acababa de salir de un sueño profundo. *¿Qué diablos está pasando?*

Barnaby nos contó que Ecuador tiene una tradición de Año Nuevo en la que los adolescentes se visten de chicas y hacen exactamente esto. Nadie lo consideraba algo conveniente. Pero se pensaba que era una diversión para esos chicos. A veces, se les daba plata. A veces no. El hecho de que ese joven me despertara de manera tan extraña me hizo pensar que aún podía haber estado en un sueño. Fue increíblemente extraño. De camino a Macas, los jóvenes nos detuvieron varias veces más.

Ese encuentro fue suficiente para despertarme por completo. *Lo he visto todo ahora*, pensé. Eso fue hasta que Barnaby afirmó estar demasiado cansado para conducir por temor a quedarse dormido al volante. Nos ofreció la oportunidad de conducir. Celine se ofreció ansiosamente como voluntaria ya que estaba más descansada. Barnaby tomó el asiento trasero, sentándose en el medio. Se quedó dormido mientras viajábamos de regreso a Macas en la oscuridad. Era el último día de diciembre de 2016.

Baños y el Bus

Comenzar un nuevo año y un nuevo viaje es motivo de celebración. Pronto me iré de Macas, pero no antes de la diversión de Año Nuevo. La ciudad estaba llena de vida, brillante y festiva para las fiestas. Celine, Hanna y yo caminamos hasta el centro de la ciudad para experimentar cómo los ecuatorianos reciben el nuevo año. El ambiente era teatral. Se había montado un escenario. Había unos actores involucrados algún tipo de obra. Debido a la barrera del idioma, la trama estaba más allá de mi comprensión. Pero el lenguaje corporal apareció, de nuevo, para ayudarme.

Un hombre vestido como un anciano inválido hacía el papel del malo. Se hacía el impotente cuando se relacionaba con los otros actores. Cuando miraban hacia otro lado, el anciano se volvía vivo, capaz y listo. Los otros personajes lo veían y sentían lástima. Luego se daban vuelta y él bailaba o hacía un movimiento astuto. El diálogo hacía gritar a la multitud. La voz del anciano era grave y animada. Su lenguaje corporal era universal. Me concentré en lo que sí podía entender. Podía ver que las familias habían salido a mirar la obra. Podía ver que ninguno de ellos estaba atado a sus pantallas digitales. Y pude ver que las representaciones en vivo gratuitas en el centro de las ciudades son tan atractivas como lo eran en los días de Shakespeare.

Me alejé de mis dos conocidos para ver más de cerca la actuación. Dos hombres completamente borrachos se me acercaron pidiendo dinero. "¿Un dólar?", preguntaban repetidamente, y yo negaba repetidamente. No llevaba dinero. El alcohol les daba una audición selectiva. No me creían. En cambio, se complacían mucho en hablar conmigo. Yo era una especie de novedad vista a través de sus gafas de cerveza.

Fue una interacción inofensiva. Fue la única situación con ecuatorianos, claramente dirigida hacia mí, que tenía el potencial de girar en una dirección negativa durante los tres meses en que estuve en Ecuador. Por ejemplo, se enojan porque no les di dinero. Estaban lo suficientemente borrachos como para que no pudiera predecir cómo tomarían la noticia de que no había billetes. El tipo que me había mostrado el dedo en Loja no había representado ningún peligro potencial ya que iba en un coche que se alejaba. Las acciones de Celine en el Amazonas eran suyas propias y las consecuencias estaban dirigidas principalmente a ella. Sin embargo, podrían haber sido negativas para ambos.

Disfruté de todo corazón la celebración de Año Nuevo. Mi tiempo en Macas había sido relativamente tranquilo. Fue gratificante y me encantó estar rodeado por aquella familia. No hubo nunca un sentimiento de no ser bienvenido por Lucía. Mi español mejoró bastante en esas dos semanas. Eso no quiere decir que supiera español. Era más como si duplicara mi vocabulario. Y había captado algunas frases y matices en el uso del idioma. Me convertí en fiel creyente de que la inmersión total era lo mejor para aprender un segundo idioma. A pesar de los momentos en los que me sentí un tonto, estaba avanzando.

El tiempo en Macas había mostrado muchas novedades. Como ver los gigantes tallos de más de setenta plátanos en el mercado por 1,50 dólares. O ver a los adolescentes pedalear carritos de tres ruedas llenos de verduras y con eso ganarse la vida. Hubo un momento en que Josie y yo fuimos a la tienda de motocicletas de Macas. Allí, intenté hablar sobre motos con un chico en español. Nuestra apreciación compartida sobre el tema reemplazó la conversación irregular. Había experimentado la vida ecuatoriana estándar a través de mis ojos. Pero no podía quedarme en Macas. Pasamos a la siguiente etapa de mi vida en el extranjero, al estilo de Lucía.

El 6 de enero de 2017, mi viaje de regreso a Vilcabamba comenzó con un tercer secuestro nocturno. Esta fue, por mucho, la vez que más temprano me despertó Lucía. Era media hora pasada la medianoche. Esta vez, yo tenía una idea de a dónde íbamos, pero me había perdido la parte en la que dormiríamos solo dos horas antes de irnos. Nos dirigíamos a un pueblo llamado Baños. De uso formal y menos común, Baños de Agua Santa es el nombre real de la ciudad. De una manera mucho menos formal, Lucía y sus hermanas se reían cuando bromeaban diciendo que la ciudad de Baños se puede traducir como toilets. Vilcabamba estaba directamente al suroeste. Baños estaba un poco al noroeste de Macas, unas cinco horas en autobús. En la oscuridad de la noche, sabía que debía seguir el comando de cada largo "Miiike" que venía de Lucía. Caminamos unas cuadras hasta la terminal de autobuses. Afortunadamente, hubo tiempo para tomar una siesta durante el viaje.

Nos bajamos del autobús a las siete de la mañana y enseguida me di cuenta de que Baños era especial. Aunque lloviznaba, una densa niebla permanecía en el lugar, formando faldas blancas en las empinadas montañas circundantes de Baños. Estábamos en la parte baja de un valle celestial. Mirar a través de la niebla hacía parecer que estábamos en una tierra mística. O más bien, una sensación de encanto donde sabes que los residentes saben que viven en un lugar especial.

Algunas ciudades estadounidenses tienen esta cualidad que llamarían extra. Lo he sentido en Helen, Georgia; Sedona, Arizona; Cayo Hueso de Florida y en muchas de las ciudades montañosas de Sierra Nevada en California. Lo he experimentado en los pueblos costeros del noroeste del Pacífico y en las ciudades de esquí de Colorado. Reconozco esto como una cualidad de mi ciudad natal, Harpers Ferry, Virginia Occidental. Estos lugares son increíblemente hermosos y hacen despertar a la imaginación.

Las montañas de Baños eran las más empinadas que había visto en Ecuador. No eran muy diferentes de las de Vilcabamba, pero eran más verdes, más húmedas y con más vegetación. Una cascada fantástica se deslizaba por una de ellas. Iba de derecha a izquierda. Desaparecía. Luego, volvía a entrar y salir. Pudimos distinguir su espectacular altura total y su frenético camino por la montaña desde el punto distante donde estábamos. Lucía conocía el itinerario. Yo no, pero no tenía problemas con eso. Entre nosotros, simplemente no había preguntas del estilo "¿qué te gustaría hacer?", seguida de varias respuestas de actividades y discusiones sobre cuales elegir. En ausencia de un lenguaje compartido, era como actuar constantemente al setenta por ciento de la capacidad humana.

Ella encontró un organizador de viajes. Abordamos un camión grande y pesado. Se habían instalado asientos en la parte trasera. El camión estaba pintado con colores vibrantes. Había música latina bombeada por los altavoces como un club nocturno. Para alguien de treinta y cinco años, era un poco temprano para tanto ruido. Pero no éramos el promedio en el camión. Estábamos rodeados de turistas jóvenes. No les importaba. Nos dirigíamos a algún lugar popular. Viajar con Lucía siempre era una sorpresa.

Ella había arreglado para que fuéramos a una casa en un árbol de fama mundial llamada Casa de Árbol. Para un casa de árbol, no había mucho que comentar. Su estilo de construcción tenía la misma calidad que la de una casa del árbol construida por un padre, en su tiempo libre, en el patio trasero. Lo que hacía que la casa del árbol fuera especial eran su ubicación y los columpios. A ambos lados había vigas en voladizo que sujetaban las cuerdas de los columpios. El posicionamiento era tal que te lanzabas desde una plataforma elevada y te columpiabas a una altura inquietante sobre la ladera de la montaña. Las cuerdas eran lo suficientemente largas como para lanzarte al aire libre y salvaje. En pleno balanceo, una persona podría estar a 7,5 metros del suelo. Me sentí completamente separado de la Tierra. La niebla era tan espesa que apenas se podía distinguir el suelo abajo. Eso, y la empinada ladera de la montaña, creaban una gran sensación de peligro. Como cualquier adulto racional, yo simplemente esperaba que las cuerdas aguantaran. Lo llaman el columpio en el fin del mundo.

En un día despejado, una vista brillante acompañaría el columpiarse. Ligeramente a la izquierda, y lo suficientemente cerca para estar justo en tu cara, estaba el Volcán Tungurahua de 5.000 metros de altura. Sentí que Lucía esperaba que pudiéramos verlo. Sin embargo, la niebla se había apoderado del paisaje. La base de Tungurahua estaba a solo ocho kilómetros del columpio. Yo había notado anteriormente en la ciudad una señal de advertencia que decía: "Territorio volcánico". En ese momento, no tenía ni idea de que estábamos tan cerca. Tungurahua tampoco era un gigante dormido. Su último episodio eruptivo había ocurrido apenas diez meses antes de mi visita. Lo que me perdí, por la niebla, fue ver la nube constante de ceniza y su gorro blanco. La elevación de Tungurahua está por encima de la línea de nieve en un par de cientos de pies.

El camión nos llevó de regreso a la ciudad. En el camino, la evidencia de lo que hacía hermosa a Baños fue desplazada desde la ladera de una montaña. Nuestro camión evitó un pequeño deslizamiento de tierra al llegar tarde unos minutos. El barro había atravesado todo el camino mientras árboles y arbustos cubrían completamente uno de los carriles de conducción. Apenas había suficiente espacio para que pudiéramos maniobrar al costado de la ruta.

Reflexioné sobre lugares que había sentido que eran increíblemente hermosos. La erosión salvaje y rápida era un factor existente en todos ellos. Baños no podría ser tan escarpada y hermosa sin la formación de los Andes y su posterior erosión. Una vez noté un letrero en la autopista 1 en la costa de California que decía: "Tierra en constante movimiento". La costa de California es uno de los lugares más hermosos de la Tierra. Una vez más, me sorprendió este sentimiento ya familiar mientras nos movíamos por Baños. Su terreno también se sentía de forma innata como California.

Estaba de un humor excepcionalmente bueno cuando Lucía y yo partimos a pie hacia otro lugar. La ciudad nos mostraba estilos de construcción de viviendas similares a los del resto de Ecuador. El hormigón y el bloque dominaban en gran medida las edificaciones. Uno podría notar una naturaleza poco ortodoxa en la construcción de viviendas en países que carecen de ordenanzas de zonificación. Baños era otro ejemplo perfecto de esto.

Había casas bien terminadas y había obras en progreso. Lo que disfruté ver fue que cada hogar o negocio era un reflejo cercano de la visión de su propietario. No tenían que apaciguar a sus vecinos. Algunas casas parecían creatividad desatada. Una de las casas de Baños se parecía a un castillo, un castillo hecho a mano. Estados Unidos está plagado de vecindarios con casas idénticas y vastas franjas de mansiones de bajo presupuesto. Aparte de su tamaño, nunca habían sido lo suficientemente atractivas como para llamar mi atención. En gran parte de Ecuador, no te sorprendería encontrar un elemento de creatividad en casi todos los hogares, desde el color hasta la forma. Creo que los Andes engendraron esta creatividad. Baños era agradable para mis ojos viajeros.

Mi buen humor se disparó cuando llegamos a un puente sobre un angosto cañón. Me acerqué completamente dispuesto a mirar hacia abajo. ¡Entonces me quedé impresionado! Un río fangoso de seis metros de ancho corría abajo. Se agitaba y burbujeaba, fluyendo ferozmente a través del cañón. Las mariposas brotaban en mi interior, sabiendo que, si la barandilla se rompía, conocería a mi creador. Las paredes del cañón eran verticales desde el río hasta la cima. Eran tan empinadas que, en la mayor parte de la longitud del cañón, ni siquiera las plantas podían agarrarse.

Dimos la vuelta a una curva y nos dirigimos a la orilla opuesta del río. Desde esta posición, podíamos ver el lugar en que un ancho y rápido río se encontraba con un callejón sin salida en la boca del cañón. La naturaleza había obligado a treinta metros de aguas blancas a someterse a seis metros de cañón. Esto creaba una enorme hidrolavadora natural.

Y por si eso no fuera suficiente, había un guía turístico que me dejó hacer tirolesa sobre el cañón. Hay dos cosas realmente me atraen: la pizza y las tirolesas. Con todas las buenas vibraciones que fluyen del río y la ciudad, tenía muchas ganas de probarlo. El precio tiene que ser alto, pensé. El guía cotizó cinco dólares. Podría haber saltado de alegría.

Me cargaron en una canasta de metal verde y me llevaron, por cable, a través del río a la altura de la tirolesa. Calculé que había veinticinco metros de altura. En la orilla de lanzamiento del río no había mucho más que una plataforma. Me ayudaron a ponerme un arnés antes de despegar. Esta tirolesa era más rápida y más larga que cualquier otra en la que hubiera estado antes. Volé por unos 100 metros. Las tirolesas son tirolesas. Sabemos que riesgo es igual a recompensa. Fue tan divertido o aterrador como te imaginas, aunque, para mí, fue pura diversión.

Baños era una delicia, pero seguimos adelante. No íbamos de regreso a Macas. Estábamos, en realidad, tomando el largo camino de regreso a Vilcabamba. Habría una serie de paradas y pernoctaciones para llegar allí. Estaba siguiendo a Lucía y ansioso por experimentar más. Nuestros boletos de autobús decían que nos dirigíamos a un lugar llamado Guayaquil, la ciudad más grande de Ecuador.

Desde Baños, el autobús se movió sin problemas sobre las carreteras, que parecerían demasiado estrechas. Aquí, en las montañas de la provincia de Tungurahua, los cerros subían y bajaban como los abruptos pliegues de una manta. Quizá debido a más lluvias, la agricultura se expandía de modo bastante vertical aquí. Mientras que en Kansas puedes mirar fuera de un vehículo y ver un campo hasta que desaparezca en el horizonte, aquí se podía ver una ladera entera de campos manipulados en rectángulos, cuadrados y trapecios. Era como si Dios le hubiera dado a la abuela una aguja del tamaño de un avión y ella la usara para coser una colcha del tamaño de una montaña. Estas colchas habían sido cosidas con todos los verdes de la naturaleza. Algunas eran de un verde brillante. Otras de un verde militar. Cada montaña acolchada con esos verdes era rica en cosechas y celestial a la vista. Giramos al suroeste hacia Riobamba para un traslado en bus. Esta fue una parada inesperada en una ciudad por la que esperaba pasar mientras estaba en Ecuador. Riobamba se encuentra en la provincia de Chimborazo. El nombre sin duda proviene del volcán Chimborazo, que se encuentra en el extremo noroeste de la provincia. Aprendí algunas cosas sobre Ecuador antes de llegar. Una de ellas era sobre el volcán Chimborazo de 6.263 metros. Es el pico más alto de Ecuador. Está un grado al sur de la línea ecuatorial. Y es famoso porque su cumbre es el punto terrestre más alejado del centro de la Tierra.

Si imaginas que la Tierra no es perfectamente redonda, sino que está deformada de modo que es más gruesa en el ecuador que de norte a sur, tendrás en mente su forma real. Es como si unas manos gigantes hubieran aplicado presión a los polos norte y sur en un esfuerzo fallido por aplanar el planeta.

Esta característica de nuestro planeta se llama protuberancia ecuatorial. Es suficiente para revolver la mente cuando descubrimos que Chimborazo se adentra más en el espacio que el monte Everest, incluso con su ventaja de 2.584 m. La Tierra es lo suficientemente grande como para tener la protuberancia ecuatorial y aun así parecer perfectamente redonda. Pensar en tales cosas contorsiona mi cerebro.

A través de la ventana del autobús, la gloria y masa de Chimborazo se mostraban desde su base hasta unos

300 metros. Más alto que eso, el volcán se perdía por completo entre las nubes. Chimborazo es una de esas cosas que hace que valga la pena volver a visitar Ecuador. Un día, me gustaría grabar la vista del gigante en mi memoria por nada más que experiencia.

La tierra al suroeste de Riobamba mantenía un fuerte aspecto agrícola. Ahora, los pliegues gigantes de la provincia de Tungurahua habían desaparecido y sido reemplazados por pastos y campos verdes suavemente ondulados. No había lugar en esta área que no se sintiera pacífico. Estábamos viajando a una altura sobre el nivel del mar de dos a tres mil metros. La idea de que los granjeros tuvieran existencias realmente buenas y saludables aquí se apoderó de mi mente. El resplandor de la tarde realzó sus cultivos para, a veces, hacer que las colinas parecieran antinaturales o retroiluminadas, como lo sería un televisor. Estaba feliz por viajar cómodamente en un autobús a través de este país de las maravillas.

Justo antes de la noche, un joven abordó el autobús. Se puso en pie al frente y sacó una flauta de su mochila. Era ecuatoriano. Su motivación era ganar algo de dinero. Lucía y yo estábamos sentados unas cuatro filas atrás. Comenzó a tocar melodías folclóricas algo tenues con su flauta. Sonaban como recuerdos que habían cobrado vida. Sentí que Lucía lo estaba disfrutando tremendamente. Estoy seguro de que a ella le hubiera encantado decirme el nombre de las melodías o la historia detrás de ellas. Estaba profundamente orgullosa. El joven tocaba el sonido de Ecuador.

Podría identificarme porque Virginia Occidental tiene su propia música. Gracias a Country Roads de John

Denver, cada vez que estoy fuera de casa y la escucho, tengo que luchar contra mi emoción por ponerme a cantar. Escuchar "West Virginia, mountain mama" toca lo más profundo de mi alma. Es lo mismo para las personas que están orgullosas de su lugar de origen. No conocí a nadie más orgulloso de su Ecuador que Lucía. El joven ganó algo de cambio. Le di un dólar. Salió del autobús después de tocar cuatro canciones. Nos enfrentamos a la noche poco después. Guayaquil ya no estaba lejos. Me hubiera encantado poder seguir viendo los lugares por donde pasábamos mientras el mundo exterior se sumergía en la oscuridad.

Guayaquil, las chicas, la playa, y los pájaros

Las grandes ciudades no son una representación de mi naturaleza. He vivido a una hora y media de Washington D. C. toda mi vida. Más allá de ir allí por trabajo, hacía todo lo posible para no visitar el lugar. Fuera del Smithsonian y la oportunidad de comer algo distinto, realmente no disfruto nada de la capital de mi país. El tráfico es horrible. Si el semáforo se pone en verde y tardas más de un milisegundo en empezar a conducir el coche, el idiota que está detrás tocará la bocina. La gente ciertamente no me ha acogido ni ha sido amistosa. En Washington, el contacto visual suele ir acompañado de una mirada fría, si tienes la suerte de hacer algún contacto visual.

La capital de mi nación es como un alma perdida que no puede ver que el materialismo nunca trae felicidad. Esa es mi inútil opinión sobre las grandes ciudades, nacida de cinco años trabajando en la región metropolitana de Washington y sus alrededores. Ahora, con Lucía, acababa de llegar a otra gran ciudad. A medida que aumentaba la precaución en mi interior, me pregunté qué esperar.

Primero, teníamos que encontrarnos con Blanca. Aunque había estado en Macas durante las fiestas, vivía en Guayaquil. Nos encontramos con ella en la terminal de autobuses y viajamos en taxi hasta su vecindario. Viajando de noche, no sabía si estaba en una ciudad de mi país o del de ellos. De alguna manera, el tamaño de la ciudad hace que esta tenga características similares. Hay edificios gigantes, mucho tráfico, gente dando vueltas, luces, consumo extravagante de energía, parques, estatuas e innumerables negocios. Esas son características básicas de la ciudad para un chico de campo. Dado que solo tendría dos noches en Guayaquil, tendría que prestar atención a cada detalle para tener la oportunidad de saber algo sobre el lugar. El problema es que no hay forma de conocer una gran ciudad en solo dos noches.

Guayaquil estaba llena de actividad. Lo primero que distinguió a Guayaquil de mis anteriores experiencias en Estados Unidos y en Ecuador eran las hordas de *rickshaws* motorizados o mototaxis. Realmente no estoy seguro de cómo lo llamaban los locales. Al ser de noche, noté estacionamientos con hombres jóvenes sentados y parados al lado de sus máquinas. No parecían escatimar gastos para animar sus mototaxis. Estaban pintados de colores vivos y brillantemente iluminados. La escena me recordó a los estacionamientos en mi ciudad los viernes por la noche, donde los chicos se reunían para mostrar sus autos. La diferencia era que estos muchachos estaban trabajando. Imaginé que cuanto más original era el mototaxi, más negocio generaba.

Eso fue lo que vi yendo a la casa de Blanca. No noté nada más fuera de lo común. Sin embargo, en lo de Blanca, recibí un golpe de realidad al darme cuenta de dónde estaba. Blanca vivía en una calle pavimentada en una casa adosada de dos pisos. El acceso a la calle se hacía por medio de un portón alto y pesado. Encima de esa puerta había ese mismo alambre de púas que usan en las prisiones. Si te dijera que no pensaba *¿realmente quiero estar aquí?*, estaría mintiendo. *¿Es esto realmente lo que se necesita para mantener la propiedad de sus cosas y dormir con seguridad por la noche en Guayaquil? ¡Guau! ¡Esto es brutal!* Blanca era de la más suave naturaleza, sobreviviendo en una ciudad que requería esto de sus residentes. No les dije a las chicas que esto me alarmaba. Una vez dentro, me sentí más seguro.

Sin embargo, no nos quedamos allí mucho tiempo. Estaba con Lucía. Como era de esperar, los planes cambiaron y ella estaba lista para mostrarme Guayaquil. Saldríamos y nos encontraríamos con su hermana, Linda, y su hijo, Miguel. El segundo paseo me mostró una ciudad llena de gente disfrutando de la vida nocturna. Abundaban los artistas callejeros, especialmente los músicos. La gente se quedaba mirando, y parecía alerta y despierta. Se bañaban en la abundante energía de la enorme ciudad.

Nos encontramos con Linda en un parque y comenzamos a recorrer el lugar a pie. Las chicas dijeron que no había problemas si caminábamos juntos, pero insistieron en que yo no debía caminar solo. Nos dirigimos hacia el cerro Santa Ana. Me pareció que era el centro de la ciudad. Las casas de colores salvajes le daban vida al cerro. Las azules y naranjas eran las que más se destacaban. Durante el día debía parecer aún más festivo debido a esos colores. Seguí, contemplando las vistas y girando la cabeza a todos lados. Estaba enfocado en ser un viajero sabio. El carterismo estaba en mi mente. *¿Por qué las mujeres no me dejarían explorar por mi cuenta si no hubiera algo de qué preocuparse?* Sin embargo, no quería caminar solo después de ver el alambre de púas.

En la base del cerro Santa Ana, comenzamos a subir escaleras numeradas. Escalón número uno, luego dos, luego tres, y así. A cada lado había edificios de dos pisos que albergaban restaurantes y clubes nocturnos. La música estaba a tope aquí. Estábamos ascendiendo por un cañón de energía de buenos momentos. Estábamos a mitad de camino en el escalón 222. Ya me había dado cuenta de cuánto me hubiera gustado ir de fiesta aquí cuando tenía veinte años. En ese entonces, me metía en casi cualquier situación sin tener en cuenta la seguridad. Vivía imprudente y salvajemente los fines de semana. Esta calle era una Bourbon Street con escalones. Si tan solo hubiera podido ir de fiesta allí.

En el escalón 444, llegamos a la cima. Ver Guayaquil como un pájaro me mostró una ciudad extendida hacia el horizonte de la noche. Las luces amarillas pálidas resaltaban las ubicaciones de los edificios más pequeños. El color de las luces no era una característica sorprendente de la ciudad. En Estados Unidos hemos optado por una iluminación más blanquecina. En todo Ecuador, y en mis viajes por la frontera mexicana, he visto que hay algo diferente con la iluminación exterior en otros países. Esta marcada diferencia la he notado más claramente en la Interestatal 10 en El Paso, Texas. En El Paso todo está más iluminado. Al mirar por encima de la frontera en Juárez, México, se ve una ciudad de luces más apagadas.

El cerro Santa Ana le daba a Guayaquil una sensación de San Francisco. Un faro de 18 metros de altura se erguía abierto para turistas. Subimos al mirador. La vista era muy parecida. Algunos rascacielos se asomaban en el cielo nocturno. Esperaba un mayor número de ellos. Había una antigua capilla en el extremo opuesto del cerro Santa Ana. Las luces del suelo que iluminaban su frente le daban un aire misterioso en la noche. Quizás fue el ejercicio de los escalones, pero me sentía muy feliz de estar explorando y estar menos preocupado como viajero.

Bajamos las escaleras de regreso a la zona de las fiestas. Todavía tenía la sensación de querer caminar libremente por allí. Internamente, sabía que no iba a suceder. Miguel, el hijo de Linda, me acompañó escaleras abajo, señalando cosas a notar y contándome sobre Guayaquil. En sus quince años, había desarrollado una decente comprensión del inglés. Saqué mi cámara para grabar el lugar mientras caminábamos.

Pasamos por al lado de un hombre de veintitantos años que había salido a divertirse. Se veía elegante con una bonita camisa y gafas de sol oscuras, a pesar de ser de noche. Se fijó en mí y dijo, en inglés: "Amigo mío. ¿De dónde eres?". "De aquí", respondí. Él se rio y dijo: "Está bien, amigo mío. Bienvenido a Guayaquil". Definitivamente se dio cuenta de mi mentira.

Y así, volví a estar en modo defensivo. Supongo que llamaba la atención sosteniendo mi cámara en alto para filmar. Miguel dijo con seriedad que no debería haberle mentido al tipo. Miguel se sintió ofendido. Esto me tomó por sorpresa. El contexto en el que estaba actuando era el de que, bajo ninguna circunstancia, me pondría en peligro. Pensé que sería estúpido gritarle, especialmente con la música alta, que soy de Estados Unidos. No había olvidado que no se me permitía explorar por mi cuenta o que la casa de Blanca estaba custodiada por alambre de púas. Sin duda, Miguel conocía mejor a Guayaquil y probablemente reconoció que yo no corría peligro. Nuestros diferentes contextos estaban basados en vidas vividas de modos totalmente diferentes.

No estaba seguro de si Miguel había tenido experiencia con los medios estadounidenses o si sabía cómo ellos nos condicionaban. Es prácticamente un protocolo pensar que el mundo está tratando de atraparnos por la percepción que tiene de nuestra riqueza personal. Mis cinco años anteriores viviendo ligeramente por encima del nivel de un vagabundo significaban que yo era cualquier cosa menos un estadounidense adinerado. Yo también era culpable de prestar demasiada atención a las historias de estadounidenses que viajaban al extranjero y son asesinados por decapitación. Solo necesité una única decapitación para concluir que preferiría no experimentar eso.

Miguel proyectó una vibra diferente hacia mí después. No quería que ese fuera el caso. Ambos estábamos parcialmente en lo cierto en la forma en que interpretamos la situación. Estas son lecciones que aprendemos mientras viajamos. No me enorgullezco de mentir, pero sopeso las opciones. Ese hombre podría haber llamado a sus amigos y decir: "Un estadounidense baja las escaleras sosteniendo una cámara. Tómenla". O, "¡Illédalo!" Esa fue la razón de la mentira. Miguel lo vio como una falta de respeto a un local. ¿Quién puede decir qué hubiera pasado?

En los años que han pasado, me ha perseguido la necesidad interna de resolver por qué me molestaba mi mentira. ¿Qué había para aprender de aquella situación? Si hubiera vuelto a ese momento, habría respondido con algo vago pero totalmente honesto como, "Soy de las orillas del río Shenandoah". O "Harper's Ferry". Estas respuestas no expondrían inmediatamente mi ciudadanía. Y mi conciencia no me recordaría la mancha en mi carácter. Quizás Miguel no se hubiera sentido ofendido. Pero aun así no habría incluido "Estados Unidos" en la respuesta. Una vez que te han robado, no puedes volver a la ingenuidad que alguna vez tuviste. En 2011, me robaron a punta de pistola en Nueva Orleans. Miguel no lo sabía. Todo se trata del contexto.

Nuestro grupo regresó a la casa de Blanca para cenar. De nuevo, entramos por el portón y volvimos a salir rápidamente. Entendí que íbamos a un restaurante. Íbamos a pie, moviéndonos por las calles residenciales cerca de la casa de Blanca. Había hombre afuera de una casa asando a la parrilla. Había un par de mesas en la acera y lo acompañaba una mujer que supuse era su esposa. Esta era su casa, y servían comida con fines de lucro como si fuera un restaurante. Nos sentamos frente a la puerta de su casa y comimos una comida casera tradicional ecuatoriana. Comí arroz con pollo a la parrilla.

Las chicas entablaron conversación. Me senté allí recogiendo fragmentos de lo que se decía. En general, estaba perdido, pero mi español iba mejorando después de unas semanas de hablar solamente español. Las luces amarillas suaves de los postes iluminaban los alrededores. Una ligera niebla persistía en el área iluminada por esas luces. El techo estaba lo suficientemente bajo como para no dejar ver las estrellas en el cielo. El ambiente brumoso daba privacidad, a pesar de que estábamos sentados en una acera. A pesar de ser una gran ciudad, este era un barrio tranquilo. Me encantó que el hombre pudiera vender comida desde su puerta. Me encantó cómo podía vender a sus vecinos y unir a su comunidad. La regulación es algo que sofoca a muchos de nosotros, los posibles futuros empresarios estadounidenses. Después de la cena, caminamos de regreso a casa de Blanca. Y de nuevo, el alambre de púas me llamó la atención.

Blanca me preparó una habitación en el piso de arriba. Hacía casi 30 °C allá arriba. Ecuador no me había mostrado todavía temperaturas tan altas. Llevaba un mes viviendo en las montañas. Y el poco tiempo en la jungla no había sido tan caluroso. Ahora, estábamos a un tiro de piedra del Pacífico y casi a nivel del mar. Guayaquil era calurosa y húmeda. Era como había pensado que sería toda la región ecuatorial. Igualmente, logré dormir un poco a pesar de la temperatura alta gracias a la ayuda de un ventilador.

Por la mañana, encontré a las chicas en el piso de abajo. Estaban ansiosas por no perder la oportunidad de viajar. Linda accedió a trasladarnos por el día. Despegamos en su coche hacia quién sabe dónde y quién sabe por cuánto tiempo. La puerta de las sorpresas se había vuelto a abrir.

Saliendo de Guayaquil, nos dirigimos directamente al oeste, hacia la costa. El paisaje adquirió un aspecto del este de Los Ángeles, con colinas similares e intereses comerciales. Esta área era algo más seca que la que habíamos visto en el viaje a Guayaquil. Notablemente, la mayor diferencia entre aquí y el sur de California era el modo de construcción de viviendas y el modelo de los automóviles en la carretera.

Una hora después, el terreno había cambiado drásticamente. No lo vi venir. Linda iba manejando tranquila. Todos estábamos felices y contentos. Detuvimos el auto para orinar una vez. *Esta tierra se ve terriblemente seca estando tan cerca de la costa.* Las cosas se estaban volviendo más marrones que verdes. Subimos al coche y continuamos. En poco tiempo, parecía que estábamos en algún lugar de Arizona. El paisaje coincidía totalmente con el salvaje desierto del oeste. *¿De dónde diablos salió esto?*

Arena y color marrón y más arena y color marrón era todo lo que había. Cualquier estructura en este tramo estaba golpeada y erosionada. Me senté en silencio, asombrado, con ganas de hacer mil preguntas sobre cómo pasamos de una zona fértil a un desierto tan rápidamente. La respuesta llegó mucho más tarde, durante una investigación en internet. El área se conocía como bosques secos ecuatorianos. Google Earth la muestra verde en su mayor parte. El bosque seco no es más que una franja de color marrón vista desde el satélite. Tan rápido como habíamos entrado, salimos. Se dice que la causa de este drástico cambio regional es la deforestación y la agricultura no sostenible. Solo queda el uno por ciento del bosque original. Muchas especies endémicas que habitan aquí están en grave riesgo de extinción. En ese momento, vi la zona como un desierto diminuto y otro truco expresado por la tierra en Ecuador. No conocía el motivo real.

Seguíamos yendo al oeste. Lo húmedo y verde todavía no había vuelto por completo cuando paramos en Puerto del Morro. Aquí también perduraba cierta sequedad. Puerto del Morro es parte de un estuario donde el río Guayas desemboca en el Golfo de Guayaquil. Puerto del Morro era un pueblo de aspecto un tanto tosco. Algunos restaurantes se habían mantenido agradables por el bien del turismo. Después de quedarme en Vilcabamba y visitar Macas, Baños, Loja e incluso Guayaquil, estaba viendo los primeros pueblos de aspecto rudimentario. Los recursos simplemente parecían más escasos, como ocurre naturalmente en los climas secos. Me imaginaba en uno de esos lugares en que probablemente habría más gatos callejeros de lo habitual. Esa era la vibra.

Me pregunté por qué nos habíamos detenido allí. Pensé que íbamos al Pacífico. Al viajar con estas mujeres, yo no era diferente a un maniquí con piernas que funcionaban. Mantenía la boca cerrada y caminaba sin pensar hasta donde ellas necesitaran que yo estuviera. Lucía era mi héroe ahora. Confié en que había una razón por la que estábamos en Puerto del Morro. Y, por Dios, había. Lucía quería que fuéramos a dar un paseo en bote. Ella estaba tan llena de energía.

Un tramo de río de 60 metros de ancho formaba uno de los límites de la ciudad de Puerto del Morro. Noté un tubo de hormigón por el cual las aguas residuales se desagotaban en el río. Fue otro de esos momentos que te atrapan y sacuden la realidad en tu presencia. Pero así era como lo hacían, ¿y quién era yo para juzgar? Solo podía observar y reflexionar. Un par de botes de alquiler para turistas estaban amarrados a la orilla del agua. Elegimos uno con asientos y techo. Una joven mujer nos acompañó como guía. Partimos hacia aguas más profundas.

Las orillas aquí estaban flanqueadas por manglares que crecían tanto como la tierra lo permitía. Cuanto más navegábamos, más ancho se veía el río. Al estar tan cerca del Pacífico, estas eran tierras de refugio esenciales, listas para recibir los golpes de las tormentas oceánicas. Cuando el bote llegó a aguas abiertas, navegábamos bastante rápido hacia la orilla opuesta. A cualquier lugar al que viajes, puedes encontrar algo que se parezca a un lugar en el que hayas estado. Este lugar me parecía la bahía de Chesapeake. Esta parte del estuario tenía trece kilómetros de ancho.

Permanecían evidencias en las áreas poco profundas de viejos bosques de manglares. Asomaban troncos fuera del agua, elevándose de 1,20 a 1,50 metros de altura como espeluznantes esqueletos de madera. Este era un recordatorio de que no había pasado por alto mi aprensión por estar en aguas profundas y desconocidas. Tenía muy presente que sería una lástima hundir el barco chocando contra un tocón invisible debajo de la superficie. Lo último que quería era nadar seis kilómetros en agua salada desconocida.

Varios minutos a gran velocidad nos llevaron a la orilla opuesta. La atracción aquí no era menos sorprendente que cualquiera de las anteriores. Estábamos rodeados de barcos de pesca comercial. Algunos medían apenas 18 metros de largo. Algunos medían el doble. Cascos de acero oxidados y maltratados con pintura descascarada sugerían embarcaciones con mil historias de pesca. Algunos se llamaban Diego, Nikolay, Bárbara e incluso Virgen del Rosario. Estas embarcaciones tenían poleas y cables gruesos y resistentes listos para izar cualquier cosa que proporcionara el océano.

Para mí, el verdadero espectáculo eran los miles de fragatas y cientos de pelícanos que atormentaban tan groseramente a los pescadores. Por cada cable había un ave marina oportunista posada en él, esperando que uno de los pescadores mirara hacia otro lado. El cielo estaba sembrado de alas. Los hombres no prestaban atención y se concentraban en el trabajo. Eran pescadores de aspecto duro. Por más ásperos que fueran sus barcos, tenían caras acordes a ellos. Estos eran el mismo tipo de hombres que ves con barba y luchando contra el mar de Bering en Alaska en esos programas de pesca. Pero eran ecuatorianos y las barbas eran raras. Muchos tenían a sus hijos con ellos. Algunos parecían tan jóvenes como de catorce años.

Un joven adolescente hizo flotar su *jon boat* de cinco metros hacia uno de los barcos de pesca más grandes. En el momento en que se detuvo, un pelícano aterrizó en la popa de su bote. En la distancia, un muelle, repleto de barcos de pesca, nos separaba de un pueblo de pescadores. El pueblo se veía tan estropeado como los barcos. Tenía casas de concreto y bloques como muchos pueblos ecuatorianos. La diferencia estaba en que, aquí, la mayoría había sido dejada sin pintar. Esto les quitaba lo pop. El pueblo parecía un lugar menos feliz para vivir.

Ciertamente disfruté viendo este lado auténtico de la vida ecuatoriana. Incluso siendo un turista en un barco, los pescadores no eran un accesorio para entretenerme. Tenían familias que alimentar y facturas que pagar. Como obrero, aprecié mucho todo esto. Nos alejamos de allí hacia aguas más profundas. Dos delfines nos siguieron cuando estábamos a medio kilómetro de la costa. Sin duda sabían que la pesca había llegado. Los peces eran la base de lo que necesitaban las bocas de tantos. Los hombres y los animales no podrían vivir sin ellos aquí.

Había dos islas en el centro del estuario. Eran la Isla Manglecita Grande y la Isla Manglecita Chica. Nos dirigíamos directamente hacia ellas. Cada una tenía dos kilómetros y medio de largo y pero mucho menos de ancho. A medida que nos acercábamos, el cielo se llenó de pájaros. La presencia de este número de aves trajo a la mente la palabra enjambre. Estas dos islas eran zonas de anidación de fragatas. Aquí había muchas más aves que en los barcos de pesca.

Atracamos en la Isla Manglecita Grande. La guía nos explicó que estas islas estaban protegidas para conservación de las aves. Se había hecho un sendero natural para explorar la isla. Seguí a las chicas a lo largo de él. Muy rápidamente, me di cuenta de que esta isla tenía poco que ver. Allí estaban los manglares. Había barro y arena. Y había muchísima caca de pájaro. Si alguna vez hubo un lugar para prestar atención a la vieja advertencia de "no mires hacia arriba con la boca abierta", este era el lugar exacto. Miles de fragatas volaban en círculos por encima, todas con sus alas rectas como avión de caza y tamaños bastante grandes. Había suficiente caca en el cielo sobre nosotros para fertilizar Nebraska.

Si había mil pájaros en el aire, habría tres mil en las ramas. Su presencia generó un ecosistema fértil para otras criaturas. El barro rico en caca era el hogar de cangrejos terrestres brillantes, rojos y azules, y de aspecto bastante divertido. No puedo negar lo bonito que eran. Destacaban en su entorno como si fueran dibujos animados. Cuando pasábamos cerca, levantaban sus brillantes garras blancas hacia el cielo, listas para la guerra, o se escurrirían hacia sus agujeros. Con siete centímetros de longitud, su amenaza no era motivo de preocupación.

Dimos una vuelta por la isla sin que nos hicieran caca encima. Una vez me pasó eso cuando era niño y estaba paleando en un campo. Dicen que es buena suerte. Si ese es el caso, esta era la isla de la buena suerte. Y no me cagaron encima. Entonces, ¿qué significa eso? Todavía pensaba que era una linda experiencia. Me sentí muy agradecido de que Lucía, Blanca y Linda me invitaran.

El viaje no había terminado. Teníamos un poco de terreno que cubrir hacia el oeste. El poderoso Pacífico estaba a trece kilómetros de distancia. En el estuario, no estábamos lo suficientemente cerca para vislumbrarlo. Me pregunté qué tan similar se vería aquí en comparación con la única otra vez que vi el Pacífico en California. Linda nos llevó allí.

Elegimos un lugar en un parque, junto a la playa. El parque tenía el mismo nivel que cualquier parque de la costa de Estados Unidos, con bonitos baños y un estacionamiento pavimentado. Las chicas se pusieron sus trajes de baño y yo me puse unos pantalones cortos. Cerca del océano, había una brisa lo suficientemente fresca como para contrarrestar el calor del sol. Blanca y yo salimos al agua a nadar. Aquí, el agua del Pacífico estaba a la altura de su definición: de carácter o intención pacífica. No había olas golpeando la arena de la playa. El océano estaba casi tan plano como un estanque. No sabía que esto era posible.

La costa del Pacífico de California tiene olas agresivas. Su agua es fría y profunda. Gran parte de Ecuador me había recordado a California, pero este lugar tenía un aire del este de Estados Unidos. Estábamos a horas de distancia de las montañas de Ecuador. El terreno cerca del Pacífico era casi llano. El agua era poco profunda a una gran distancia de la orilla. También estaba lo suficientemente caliente como para sentirse cómodo. Los puñados de arena que saqué del fondo para investigar eran casi negros. A nuestro alrededor, la gente jugaba como en cualquier lugar. Blanca y yo teníamos treinta y tantos y nos pasábamos conchas de colores como si volviéramos a tener diez años.

Lucía y Linda salieron temprano del agua. Decían tener frío. Dada la temperatura del agua y el sol, yo no podría haberme sentido más cómodo. Que Lucía sintiera frío aquí me hizo recordar cuando estuvo en Virginia Occidental en octubre. Parecía que se fuera a morir de frío. Blanca y yo no las hicimos esperar. Nos transformamos de nuevo en adultos, sacamos nuestras manos de la arena, nos levantamos y caminamos lentamente hacia el auto. Se acabó el tiempo de juego. Partimos hacia Guayaquil.

Volví a sentir el mismo asombro al atravesar el desierto. Noté que los pueblos volvían a parecer más rudimentarios. Pensé en cómo me había sorprendido la costa del Pacífico de Ecuador. No viajamos ni al norte ni al sur a lo largo de la costa. Fuimos hacia el oeste para ver el océano y regresamos. Pensé que un paseo por la costa sería agradable en el futuro. Había mucho más que ver. Estando en la arena de esa playa, miré hacia el oeste y sabía que las Islas Galápagos estaban a 1.100 kilómetros de distancia. Al igual que la oportunidad perdida de ver el volcán Chimborazo, la conciencia de la existencia de Galápagos fue suficiente para garantizar que algún día regresaría.

En resumen, tuvimos un día fantástico. Pedir algo más habría sido simplemente egoísta. Pedirme a mí mismo que diera más hubiera sido mejor. Digo eso en lo que respecta a mi dominio del español. Realmente deseaba haberme esforzado más en aprender español en la escuela o practicar antes de irme de casa. Las dos semanas en la casa de Lucía ayudaron enormemente. Aun así, con toda honestidad, podría perderme en la comunicación como podría perderme en un laberinto. Estar con las chicas siempre me dejaba con ganas de ser parte de la conversación. Nuestro día me había dado motivos para hacerles un millón de preguntas, pero todas quedaron sin respuestas.

En Guayaquil, regresamos a la casa de Blanca. Cada uno de nosotros había estado mojado y se había secado durante el viaje. Mis zapatos se habían mojado varias veces durante el día. Un feo olor los acompañaba. Eran como un visitante no deseado. Todos lo sabíamos. En el coche, capté la conversación de que algo olía mal. Eran mis zapatos. Apestaban como un pedo. Blanca quería que hiciera algo con ellos. ¿Pero qué?

Hizo algunas señales con el dedo, combinadas con un español rápido. Yo sabía que mis zapatos no podían estar en la casa. ¿O podrían? ¿Los quería puestos o no, afuera o adentro, o destrozados? No lo sabía. Ella estaba tratando de decirme qué hacer con ellos de tal modo que llamó la atención de Lucía, que duplicó las palabras en español que se dirigían hacia mí. No les molestaba que mis zapatos estuvieran adentro, creo. O podrían haberlo estado. Yo estaba tan confundido sobre qué hacer con mis zapatos que formé una débil sonrisa. Me los quité y los puse en el lavadero. La habitación estaba al lado de la cocina y expuesta al aire libre. Lo extraño de este episodio fue que ni siquiera estaba seguro de si el problema del que me estaban hablando era sobre mis zapatos. Simplemente asumí que lo era. No tenía idea de qué hedor en particular les molestaba a las chicas. Ni nunca tendré.

De regreso a Vilcabamba

Pasé otra calurosa noche en Guayaquil en el piso de arriba de la casa de Blanca. Me di cuenta de lo malcriado que había estado en la finca de Vilcabamba. Podía dormir con la ventana abierta cómodamente ya que el calor y la humedad no eran problemas en la gran altura. Llegó la mañana con el plan de hacer poco más que tomar café y luego subir al autobús a las nueve. Zarparía solo en mi camino de regreso a Vilcabamba. Los 579 dólares que había traído a Ecuador se habían reducido a unos 200. El viaje en avión al Amazonas había costado 69 dólares. Los viajes en autobús habían costado otros 60 dólares. El bus a Vilcabamba costaría casi 30 dólares. Ya había comido varias veces en los restaurantes de Vilcabamba. Compré una navaja, además de lo básico para la higiene y el aseo. Todo requería dinero. Era un extranjero muy afortunado de tener amigos en Ecuador porque seguramente no tenía los fondos para esta cantidad de experiencias por mi cuenta.

Me despedí de Lucía y Blanca en la terminal de autobuses. No hay mejores ejemplos que esas dos mujeres, y su familia, para representar positivamente a Ecuador. Blanca tenía un sentido del humor del que cualquier hombre podría enamorarse. Y de hecho, Lucía tenía más capas de las que yo sabía. Vivir con ella y dejarme guiar por ella me mostró a una mujer más hospitalaria que cualquiera que hubiera conocido antes. Ansío tener una conversación con ella en una visita de vuelta a Ecuador, pero primero tendré que aprender español seriamente. Ambas mujeres eran hermosas de principio a fin, y no puedo esperar a saber más sobre ellas cuando podamos, algún día, hablar en profundidad.

Cuando subí al autobús, estaba claro que acababa de vivir el mes más dinámico de mi vida. Hubo meses que estuvieron cerca de eso, pero ninguno me hizo enfrentar mi propia vulnerabilidad de manera tan consistente como el pasado. La emoción de cada experiencia me había proporcionado una satisfacción imprevista. Si me hubiera ido a casa justo después de Guayaquil, me habría sentido bien con ese gran sabor de Ecuador. Sin embargo, todavía faltaban dos meses para que me fuera.

Ahora me sentía bastante cómodo estando solo. La transición se produjo rápidamente después de que Lucía y Blanca se fueron. Incluso estar solo en la terminal de autobuses de Guayaquil se sentía bien. Filmé abiertamente sin mucha preocupación. Entonces el autobús hizo sonar su bocina. Abordé y esperé con ansias los viajes del día.

174

Para llegar a Vilcabamba se requieren unas diez horas y un traslado desde Loja. El viaje era de 475 kilómetros. Eso es relativamente poco para diez horas. En el camino, nuestro conductor tomó un largo descanso para almorzar, y la mayoría de los pueblos requerían varias paradas. Era común que la gente viajara en autobús hasta la siguiente ciudad. La ruta hacía que el autobús permaneciera a una docena de kilómetros de la costa durante 120 kilómetros de viaje hacia el sur. Luego, giraríamos hacia el este, hacia los Andes.

Me senté en la parte trasera del autobús para mantener una buena vista de los que iban y venían. También quería usar mi cámara de forma más discreta. No estaba nervioso. Sentarse en la parte trasera del autobús parecía prudente en ese momento. El autobús se alejó de la gran ciudad de Guayaquil. Aunque había pasado un buen momento allí, estaba listo para regresar a las montañas. No quería recordar a Estados Unidos todavía. Guayaquil tenía estacionamientos, mucho tráfico y era húmeda. Cuando pasamos por un McDonald's el día anterior, deseé no haberlo visto.

Un tema surgió en los kilómetros costeros en las afueras de Guayaquil. Los pueblos por los que pasamos no tenían la forma de cuadrados con una iglesia central, como lo habían tenido en otras partes de Ecuador. Eran largas franjas de ciudad paralelas a la carretera. Eran ciudades arteriales, ciudades de carretera. Si no fuera por la autopista E25 que los atraviesa, probablemente serían pueblos diminutos o pueblos fantasmas.

Muchos tenían el aspecto que yo había notado en Puerto del Morro. Había un fuerte uso de bloques de cemento, sin pinturas o revoque. Los edificios de estas ciudades eran grises con pequeños toques de color. La mayoría de los edificios parecían simplemente inacabados. Esa podría haber sido la diferencia más significativa entre esos lugares y Vilcabamba. Las casas de Vilcabamba parecían más completas. Los scooters y las motocicletas pequeñas eran el medio de transporte principal durante el día. La seguridad no era una preocupación ya que nadie usaba cascos. Como piloto de motocross, sabía que algunas de esas personas se enfrentarían a graves problemas en la carretera en breve. En las motocicletas, el refrán dice: "No es si te vas a caer, es cuando". Pero esa era la cultura del lugar y yo era solo un observador. Incluso vi a un joven con su motocicleta cargada como un camión con material de construcción. "Buena suerte con eso", le susurré.

Si esas ciudades eran islas de civilización, entonces las plantaciones de banano eran el mar verde que las rodeaba. De la misma manera que el Medio Oeste de Estados Unidos es conocido por su horizonte repleto de campos de maíz, esta región de la costa de Ecuador me mostró cultivos de plátanos de tamaño inimaginable. Parecen árboles, pero se clasifican como plantas de banano. Pensé: ¿cómo es posible que se cultiven tantos plátanos aquí y nunca haya comido uno con una etiqueta que diga: "Producto de Ecuador"? Siempre las miro. La gente sencilla como yo disfruta de ver lo lejos que puede viajar un plátano.

En los 120 kilómetros que recorrimos hacia el sur, vi algunas plantas de banano que daban fruto y otras que no. Las que tenían frutas tenían unas bolsas protectoras azules que cubrían completamente los tallos. Y un solo tallo puede contener docenas de plátanos verdes. Supuse que los sacos azules ayudaban a combatir los insectos o se usaban para acelerar la maduración. Viajamos sin problemas por los pueblos costeros. La carretera era llana y rápida. Con poco más que plátanos para observar, comencé a notar carteles que designaban áreas como cantones. Un letrero decía: "Bienvenido al Cantón Machala". "¿Cantón significará condado?", me pregunté. No es lo mismo. Pero no está lejos.

Los cantones de Ecuador son una subdivisión de las provincias más grandes y están a su vez divididos por las parroquias. Por lo que pude determinar, los cantones pueden ser como los condados. Un cantón también puede ser una ciudad. Cuenca, Ecuador, es tanto una ciudad como un cantón. Sin embargo, definir cantones resulta en cierta vaguedad. Ecuador está dividido en veinticuatro provincias y 221 cantones.

De Vilcabamba a Macas, de Macas a Guayaquil, y ahora de regreso a Vilcabamba, la mayoría de los autobuses reproducían películas estadounidenses en una pantalla en la parte delantera. Como estábamos en un país latinoamericano, se modificaban las películas agregando la voz de dobladores de habla hispana en lugar de la voz original de los actores de habla inglesa. Pusieron The Transporter, una película protagonizada por Jason Statham. La voz que le dieron fue una voz española profunda, clara y seria. No se parecía al tono natural, ronco, susurrante y mesurado de Statham.

Vi la película de Tom Hank, Sleepless in Seattle, en otro autobús. Pondría mi dinero a que la voz de Hanks era la misma que se había usado para Jason Statham. Estaba confundido con esto, sabiendo cuán diferentes suenan esos hombres en la vida real. Fue muy divertido escuchar a Tom Hanks sonar como un tipo duro.

Llegamos a otro cantón. Su cartel de bienvenida decía: "Bienvenido al Cantón Santa Rosa". Aquí, mientras estaba en una rotonda donde el autobús se abalanzó hacia un lado, la gracia de la vibración de la música sagrada golpeó mis oídos. La canción de Bryan Adam, Heaven, se escuchó a través de los altavoces, ¡en inglés! Las letras de amor interminables no me atraparon. Fue su inglés con acento nativo lo que me atrapó. ¡Lo extrañaba! Dios mío, era miel para mis oídos. Mi cableado se conectó momentáneamente.

Durante cuatro minutos, pude entender sin esfuerzo el lenguaje humano. Me sentí más ligero. La dopamina, sin duda, surgió en mi cerebro para recompensarme y decirme: "Necesitas buscar más de esto. Estás luchando el mundo en español". Escucharlo cantar Baby, you're all that I want vino a mí como pura comprensión. Cambia la palabra baby por la palabra inglés y mantén el resto de la letra; you're all that I want (eres todo lo que quiero). ¡Así es como me sentía!

No era consciente de cuánto lo extrañaba. Claro, había escuchado inglés de Celine y Hanna, pero tenían un marcado acento suizo que me obligaba a prestar atención cuando hablaban. El genuino acento estadounidense de Bryan Adam vino directamente desde arriba. El último par de semanas me había parecido un arrastrar de pies por la acera sin poder levantarlos. Había fricción en cada palabra que escuchaba e intercambiaba.

Sentí un ligero impulso en mi estado de ánimo después de eso. Ahora, nos dirigíamos al este, hacia las montañas. El viaje se ralentizó drásticamente.

Estábamos de regreso a la tierra de las pendientes pronunciadas y los caminos que zigzagueaban tan bruscamente como las letras árabes. No tenía prisa ni me faltaba fe en que llegaríamos. Estaba feliz de estar de vuelta a las montañas, fuera de la humedad, de vuelta al mundo de abundantes ciudades verdes y de aspecto más acabado.

En una parada, una joven subió al autobús con una bandeja de frutas cortadas. Su actividad consistía en vender esa bandeja de fruta antes de que más gente subiera y el autobús partiera. Ella tenía todo cortado en bloques de un solo bocado y empaquetado en tazas. Compré uno por un dólar con una sonrisa. La taza tenía principalmente uvas con mango picado y plátanos en rodajas.

La secuencia de pueblos cada vez más bonitos y montañas cada vez más hermosas continuó hasta Catamayo, Ecuador. El cielo estaba claro y azul ahora. De la forma más extraña, entrar en Catamayo parecía como volver a casa. Este era un territorio por el que ya había pasado. Había aterrizado en Catamayo un mes antes, de camino a Vilcabamba. Entonces mis nervios estaban tan disparados que no pude prestar atención a la ciudad. Ahora podía asimilar que era hermosa, colorida y limpia. Sentí paz en el autobús hacia Catamayo. Las montañas tenían un aspecto más seco de lo que recordaba. Sin embargo, todavía se imponían de manera impresionante sobre el fértil valle verde de Catamayo. Recordé haber mirado ese valle a través de la ventanilla del avión durante el vuelo hacia el sur de Ecuador. Me sentía tan increíblemente lejos de casa entonces.

Una hora separaba Catamayo de Loja en bus. Y Loja era un territorio aún más familiar, dado que había celebrado la Navidad allí con Iliana y su familia. Nos detuvimos en la terminal de Loja para un traslado al bus que iba a Vilcabamba. Desembarqué como si viviera allí. Sabía la ventanilla a la cual acercarme. Tenía un bolsillo lleno de palabras en español listas para comprar un boleto. Incluso tenía diez centavos para el molinete. No me preocupaba que me robaran. La gente de Loja se portaba mejor que eso. El Mike totalmente asustado, de un mes antes, se había desvanecido. Ahora me sentía más libre y confiado. Podía moverme con bastante comodidad.

Mientras estaba sentado en el autobús a Vilcabamba, pensé en lo tonto que era de mi parte ser un manojo de nervios. Me avergonzaba lo inseguro que había estado sobre mi capacidad para descifrar la logística de la terminal, y estaba aún más avergonzado por mi falta de confianza en mi capacidad para manejarme en una situación amenazante. La confianza proviene de la práctica y la experiencia. Un mes en Ecuador había aumentado mi confianza. Lo suficiente, por lo menos. Manejarme por la terminal de autobuses de Loja sin problemas se sintió como una lección que debía aprenderse.

Llegué a Vilcabamba en medio de una fuerte tormenta. Estaba completamente oscura. Necesitaba un taxi. Sabía dónde conseguir uno y cómo indicar al hombre el camino a la granja. Ahora viajaba confiado, y tenía grandes historias que estaba ansioso por compartir con mis amigos estadounidenses. Había volcanes, hormigas cortadoras de hojas, una niña que se comió un gusano, Mamita Building, mujeres suizas, Jose y el Amazonas, cascadas calientes. Había un pueblo mágico lleno de aventuras llamado Baños, enjambres de pájaros, el Pacífico, la ciudad más grande de Ecuador y un desierto que surgía de la nada.

Saraguro y Cuenca

No me resultó fácil hacer amigos entre los ecuatorianos sin la ayuda de otros. En gran parte, ellos cuidaban de sus asuntos y yo soy de la misma naturaleza. Iliana nos presentó a su familia. Con su ayuda, hacerse amigo de ellos fue fácil. Lo mismo sucedió con Lucía. Tenía el deseo de hacer algunos amigos por mi cuenta, pero había que dar crédito a quien lo merecía. Otras personas me habían abierto la puerta de las interacciones con los ecuatorianos. Alice fue la principal abridora de puertas. Una tarde en Vilcabamba, me presentó a un hombre humilde y amable llamado Ángel.

Ángel venía a Vilcabamba cada pocas semanas para vender bisuterías que su familia hacía a mano. Aunque no soy un usuario de joyas, me impresionó su capacidad para hacer diseños como colibríes, mariposas, lagartos y divertidas mazorcas de maíz. Ángel era el tipo de hombre que encajaba perfectamente con quien era, tanto que no se podía borrar la sonrisa de su rostro. Sin embargo, lo más intrigante es que Ángel era de la gente de Saraguro.

Son una de las caras de América del Sur que había visto varias veces a través de la pantalla del televisor. Siempre encontraba extraño su atuendo. Llevan sombreros de copa negros tradicionales, pantalones negros hasta las espinillas y chaquetas de lana gruesas, algunas coloridas. Su cabello suele ser largo y trenzado. Tienen una apariencia excepcionalmente formal, como son los Amish en Estados Unidos.

A pesar de un esfuerzo por investigar una razón exacta de su elección de ropa, no pude encontrar nada lo suficientemente sólido como para considerarlo exacto. Una fuente decía que se visten formalmente para llorar la muerte del emperador Atahualpa, el último emperador inca. Otra afirmaba que la ropa negra es mejor para retener el calor en elevaciones más altas. Hay diversas opiniones sobrepor qué mantienen el cabello largo y trenzado y por qué ambos sexos usan sombreros grandes. Esos sombreros son a veces negros, a veces blancos y, a veces, de ambos colores. Solo soy un chico de campo sin un título universitario, así que tuve que abandonar la investigación.

Incluso con mi capacidad limitada, sin embargo, tengo el ingenio para reconocer que no hay forma de mencionar a los Saraguro sin mencionar su ropa. Incluso la gente Shuar del Amazonas vestía de modo más parecido al mundo moderno. Los Saraguro hacen las cosas a su modo. Elegí concentrarme en lo que podía entender, que era corresponder a la amabilidad que Ángel me mostró.

Alice hizo planes para ir a Cuenca y visitar a su amiga estadounidense, June. Me invitaron. Dijo que pararíamos en Saraguro para almorzar y veríamos a Ángel también. Estaba emocionado por poder visitarlo, conocer a su familia y estar en medio de personas cuya tradición no comprendía. Además, le había encargado un pequeño proyecto que consistía en hacer una rana verde con cuentas para mi madre. Quería darle algo de dinero por eso.

Desde Vilcabamba, Saraguro está a 105 kilómetros al norte en línea recta y a 111 kilómetros por carretera. Tomamos el autobús para un viaje de fin de semana. Para ese entonces, ya había pasado varias veces por Loja. Aun así, no había ido directamente al norte, hacia Saraguro. Espiando por las ventanas del autobús, solo noté cambios menores en el terreno entre los pueblos. Las colinas verdes onduladas llenas de pastos y las montañas triangulares también eran comunes cerca de Saraguro. En todo caso, parecía ser un ambiente un poco más húmedo. Yo diría que los campos estaban más llenos que en Vilcabamba. Llegamos bajo la lluvia, por lo que puede que eso también me haya desconcertado.

Saraguro era pequeña. Una primera impresión me mostraba que los techos no eran de la misma teja de terracota naranja que había en muchas de las casas de Vilcabamba. Aquí, noté tejas terracota de color marrón oscuro. Tal vez los edificios fueran más antiguos, o los techos estuvieran cargados de musgo, o la terracota se hubiera hecho con una arcilla más oscura. Esa observación acompañó a otra. Esta era una ciudad donde los colores brillantes de la pintura estaban algo apagados entre las casas. Saraguro tenía un aspecto monótono.

Una vez más, el día lluvioso puede haber tenido algo que ver con la observación.

La plaza central había sido ligeramente animada con adoquines de piedra pintada. Entre los adoquines se destacaba un generoso uso de pintura amarilla. Algunos murales de colores brillantes ayudaban a contrarrestar el ambiente monótono. Eran un bienvenido elevador de humor bajo la lluvia.

Antes de que pudiéramos encontrarnos con Ángel, almorzamos en un restaurante en la plaza central. En el interior, dos televisores mostraban la inauguración de Donald Trump. Los presentadores de noticias hablaban español y los subtítulos estaban en español. No necesitaba saber lo que decían. Mi mente estaba tratando de comprender si lo que estaba viendo era real o no. Mi instinto me había dicho durante meses que sin duda Hillary Clinton iba a ser nuestra próxima presidenta. La vi como capaz de usar de manera nefasta su influencia política para que esto sucediera. *¿Cómo pudo perder el establishment?*, me cuestioné. Pero estaba increíblemente equivocado.

Era un momento en el que debería haberse celebrado la integridad de la elección, en el sentido de que, después de todo, no había sido manipulada (Clinton había obtenido más votos). Aun así, perdió debido a las reglas relativas al Colegio Electoral. Me senté allí sorprendido. *¿Hay un país llamado Estados Unidos donde un político recién surgido se convertirá en presidente? ¿Vamos a ser gobernados por un candidato que no pertenece al establishment? ¿Qué diablos está pasando allí?* No estoy diciendo que pensara que era algo bueno o malo. Solo expreso mi incredulidad general. Qué increíble que un ciudadano venciera a la corrupta máquina de Washington. No importaba el nombre del ciudadano. *¿Esta televisión estará programada de alguna manera para proyectar esta imagen?*, me pregunté Lo que estaba viendo se sentía de naturaleza psicodélica. Parecía que la televisión estaba transmitiendo algún tipo de propaganda. Me sentí como si estuviera en un viaje psicodélico sin drogas.

Estaba impactado a pesar de no tener afiliación política. Nunca quise empañar mi buen carácter adoptando una etiqueta de ninguno de los dos partidos gigantes. Soy demasiado libre de espíritu, y también soy bueno empañando mi carácter por pura tontería. No necesito ayuda para eso.

En efecto, no estaría voluntariamente en una tierra extranjera, rodeado de personas radicalmente diferentes a mí, si tomara partido o evitara las diferencias. No me gusta la división. El día que nací fue el día en que me uní al equipo humano. Unidos permanecemos de pie; divididos caemos. Eso es suficiente basura política para tres libros. Bueno, sigamos.

Un increíble sensación de desconexión de Estados Unidos se apoderó de mí. Demonios, había estado hablando casi tanto español como inglés y comiendo increíblemente saludable. Estaba disfrutando de estar de nuevo con familias enteras y funcionales. Un pensamiento se apoderó de mi mente mientras veía la televisión: *Ese es un país lleno de gente que está perdiendo la cabeza. Están sedientos de división.* Estaba feliz de estar desconectado de todo ese drama. Estaba increíblemente desconectado. Sin embargo, el grado de desconexión no se había sentido tanto hasta ese mismo momento. Fue la primera vez que me sentí como un extranjero en relación a Estados Unidos.

Salimos para la casa de Ángel después del almuerzo. Él se encontró con nosotros en la ciudad para mostrarnos el camino. Ángel vivía en una casa terriblemente modesta, en la ladera de una colina, en el lado sur de la ciudad. Para llegar a su casa, subimos por un sendero de tierra con escalones excavados en la colina. En Virginia Occidental llamaríamos a esta casa una *shack* (choza). Debes entender el contexto del término. Vengo del nivel más bajo de ingresos de Virginia Occidental. No viví en una casa sin ruedas hasta los dieciséis años. Los parques de caravanas no son los lugares más encantadores en nuestro estado montañoso. Entonces, uso un término descriptivo para describir su casa por su precisión, no por un juicio en base a una superioridad percibida.

No importaba la casa. Los corazones que vivían allí contaban la historia. Del mismo modo, aprendí durante mi tiempo en Ecuador que si me muestran una choza pintada de naranja brillante, te mostraré que un ser humano verdaderamente feliz vive adentro. Ángel nos recibió con una sonrisa. Su negocio era su negocio, mientras que su casa era donde trabajaba. Tenía solo unas pocas habitaciones, y la mitad de la más grande estaba dividida por una mesa donde se fabricaban las bisuterías.

En Vilcabamba, no había entendido cómo trabajaba. Aquí, vi que su hija, su sobrina y su esposa eran trabajadoras a tiempo completo. Se sentaban en esa mesa durante horas todos los días clavando una aguja y un hilo a través de pequeñas cuentas. Una bombilla de alto voltaje sin obstrucciones colgaba del techo. Daba la sensación de estar en una sala de interrogatorios. Alice era una mujer muy casual de excelente español. Su traducción permitió alguna conversación entre los miembros de la familia de Ángel y nosotros. Pero los intercambios fueron moderados, ya que su familia era tímida y detallista en el trabajo. Ángel, sin embargo, no era tímido. Estaba orgulloso de mostrar el trabajo de ellas. Dispuso otra mesa para mostrar la totalidad de su habilidad. Tenía collares, pulseras y más joyas con forma de insectos.

Me sorprendió con una rana verde de forma perfecta. Había hecho un par y compré las dos. Alice había hecho un trato para comprar una gran cantidad de sus joyas. Estaba feliz de tener el negocio. Me pareció increíble el día en que le di a mi mamá esa ranita que había viajado desde Saraguro, Ecuador, hasta Virginia Occidental. Ella la colgó del espejo retrovisor de su coche.

Visitar a Ángel no fue más que una breve parada. Tomamos el autobús y luego viajamos 135 kilómetros al norte hasta la provincia de Azuay y Cuenca, la tercera ciudad más grande de Ecuador. Cuenca es muy recomendada entre los turistas estadounidenses. Claro, no soy un tipo de ciudad. Como tal, realmente no estaba allí para participar en nada que a la gente de la ciudad le guste hacer. En cambio, quería verificar por mí mismo si se parecía en algo a su reputación de ser similar a una ciudad europea. Quería saber si se sentía segura.

Además, quería sentir el magnetismo que tiene Cuenca hacia los extranjeros. Ellos consideran a Cuenca como el principal lugar para vivir, en caso de que se muden a Ecuador. El método que usaría para hacer mis observaciones consistiría en ver lo máximo que pudiera en un día y medio.

Llegamos cerca del atardecer. Apenas pude notar que Cuenca parecía estar sentada en un cuenco natural gigante. Mirando hacia abajo en ese cuenco, se veían los techos de color naranja terracota brillante mientras las montañas rodeaban la ciudad. La ciudad se expandía como dedos en todas las direcciones hasta la base de estas montañas. Desde la ventana del autobús se veía una ciudad pintada en tonos naturales. Se destacaban los beige, los blancos, los marrones claros y los rojos ladrillo. Hacia el oeste, el Parque Nacional Cajas exhibía las cordilleras andinas con una línea de árboles distinta. Los picos eran suaves y estaban cubiertos de hierba, a diferencia de la mayoría de que había visto en Ecuador.

June vivía en un edificio de apartamentos de ladrillo que ofrecía una gran vista de Cuenca. Estaba cerca del Hospital Monte Sinaí. Pasamos la noche allí. Por la mañana, un cielo azul brillante con hinchadas nubes blancas dio la bienvenida al día. El sol expuso la gloria de la montaña circundante. Estaba feliz por el día de exploración. El apartamento de June estaba a 1200 metros de la parte histórica de la ciudad. Empezaría por ahí. La noche anterior, ella había llenado mi cabeza con las visitas obligadas de Cuenca.

Encabezando esa lista estaba la vieja Cuenca, conocida por su concentración de edificios centenarios de influencia española. Algunos, como la Catedral Vieja de Cuenca, eran del siglo XVI. La ciudad vieja fue designada como Patrimonio de la Humanidad por la UNESCO en 1999. Siguiendo los pasos de la capital de Ecuador, Quito, la primera ciudad del mundo designada como Patrimonio de la Humanidad, Cuenca es uno de los 1.121 sitios de este tipo en todo el mundo.

Muchos la consideran la mejor ciudad de Ecuador. Los extranjeros hacen una transición tranquila aquí por su conveniencia moderna, seguridad percibida, clima y calidad de vida. Con una población urbana de 400.000 habitantes, no es ni demasiado grande ni demasiado pequeña. Para muchos, Cuenca es perfecta.

Caminé por una larga mediana con césped hacia la ciudad vieja. Un hombre en una cuatrimoto estaba bien abrigado en la fría mañana. Entró en una gasolinera. De inmediato, Cuenca se distinguió de cualquier ciudad estadounidense. Pensé: *haz eso en Estados Unidos y te multarán*. Unos pasos más adelante, una mujer ecuatoriana en el lado opuesto de la calle me saludó con la mano y dijo "Hola". Esa fue otra diferencia inmediata entre Estados Unidos y Cuenca. Quizás yo me destacaba como visitante. Cualquiera sea el caso, es casi imposible hacer contacto visual con un extraño que pasa por la misma acera en una ciudad estadounidense, y mucho menos por el otro lado de la calle, y que además te salude. La mujer me hizo sentir bienvenido.

Continué hasta el cruce de un río. Detrás de mí había dejado un área de la ciudad que no se diferenciaba de la escena urbana en cualquier sociedad moderna. Había amplias calles pavimentadas, escuelas, hospitales, transporte público y monumentos a personajes importantes. Justo enfrente de mí estaba la escena atrapada en el tiempo por aquellos que dieron forma a los bloques y al concreto en los edificios hace siglos. El río Tomebamba servía de frontera con la ciudad vieja.

Crucé su puente y ascendí por una colina con una curva pronunciada hacia el sitio del patrimonio mundial. A dónde ir y qué esperar cuando llegara allí no era una gran preocupación. El cúpulas azul cielo en el Parque Calderón cinco cuadras más adelante captaba toda mi atención. Aquí las calles eran más estrechas. La mayoría de los edificios no tenían más de cuatro pisos de altura. Muchos de ellos se jactaban de una larga serie de arcos altos y estrechos como parte de pasarelas cubiertas al nivel de la calle. Haciendo juego con los arcos había ventanas con la parte superior redonda con todo tipo de intrincados diseños en sus alféizares. Entre las características de la fachada, se notaba que durante la construcción se había prestado especial atención a los detalles de las molduras de la línea del techo. La mayoría había sido elaborada para parecer tener múltiples capas.

Me imaginé que los albañiles de la época estarían más motivados por hacer un buen trabajo que por impulsar el progreso. Simplemente ya no ves muchos edificios con revestimientos auténticos, atractivos y, a menudo, innecesarios. Hoy en día todo se hace con fines de lucro. Si se usa una piedra en la construcción, es probable que sea una piedra falsa. Creo que el atractivo de Cuenca Vieja se puede encontrar en la autenticidad envejecida encerrada a la vista de los edificios. Eso es, sin duda, lo que me gustó del lugar.

La plaza de la ciudad era la más grande que había visto en Ecuador. Este era el Parque Calderón. Aquí encontré el edificio de las cúpulas celestes. Pertenecían a la enorme Catedral de la Inmaculada Concepción. Los lugareños la llamaban la Catedral Nueva. Un turista desprevenido, exactamente como yo, se apresuraría a concluir que esta iglesia gigante también tenía siglos de antigüedad. Sin embargo, su construcción comenzó en 1885 cuando la Catedral Vieja ya no podía soportar la creciente población de Cuenca. El área cubierta y la altura de la Catedral Nueva la convierten en una de las estructuras más grandes de Cuenca. Una enorme entrada arqueada de más de quince metros atrae la vista. Mientras tanto, los que entran a la catedral parecen diminutos juguetes humanoides. Es decir, si estás a cierta distancia del edificio.

A mi alrededor había una ciudad en movimiento. En una calle frente a la Catedral Nueva, decidí espontáneamente hacer un recorrido en un autobús de dos pisos. *¿Qué mejor manera para ver la ciudad rápidamente?* Mientras el autobús avanzaba con cuidado por las concurridas calles, escuché al guía turístico explicar la historia de Cuenca en español; luego en inglés. Así descubrí que la Catedral Nueva era nueva y que había una Catedral Vieja.

Mientras nos movíamos, me di cuenta de que no todas las secciones de la Cuenca Vieja eran edificios históricamente importantes. Una vez que nos encontramos a media docena de cuadras de la Plaza Calderón, la Cuenca Vieja tomó el aspecto de lo que predominantemente es: viviendas residenciales y pequeñas empresas. Había un aire de que incluso estos edificios eran más antiguos que la mayor parte de la Cuenca urbana. Ver filas de edificios adjuntos con un mural generosamente coloreado en el último era bastante común. Algunas de las casas estaban vacías y necesitaban reparación, mientras que los grafitis eran tan prolíficos como los murales. Me gustaron mucho los murales.

El autobús salió de la Cuenca Vieja, retrocediendo por donde habíamos venido. Mientras pasábamos por una calle residencial, una pareja de visitantes y yo nos reímos de la sorpresa de las líneas eléctricas a baja altura. Literalmente podría haberme levantado para cambiarme de asiento y haber sido golpeado por los cables. Simplemente tuvimos la suerte de que eso no ocurriera. Esa es una diferencia enorme entre viajar en Estados Unidos y en otros lugares. Los asuntos menores de infraestructura como ese están en gran medida resueltos en Estados Unidos.

Desde aquí, no tenía ni idea de a dónde iría el autobús. Avanzó hasta que nos detuvimos en un lugar por encima de la ciudad. Estábamos en una zona de aparcamiento de la Iglesia de Turi. El atractivo de esta ubicación era un mirador que mostraba toda Cuenca. Podía ver la Catedral Nueva y el edificio de apartamentos donde nos estábamos quedando. Podía ver la cordillera opuesta y dos ríos que corrían debajo. Los Andes dominaban el horizonte desde aquí. Se nos permitió algo de tiempo para hacer compras y comer. No hice más que vagar por la calle y tomar fotos.

Cuando regresamos al Parque Calderón, salí a pie. Cuenca tenía mucho más que ver. June me había dicho que visitara el mercado de las flores. Dijo que era uno de los mejores del mundo. Di crédito a su palabra y fui a recorrerlo. Se ubicaba a solo una cuadra de distancia, en la parte trasera de la Catedral Nueva. Estaba en un terreno tal vez del tamaño de treinta plazas de aparcamiento. Los floristas exhibían sus flores bajo grandes sombrillas de lona. Caminé mientras llevaba una perspectiva supremamente masculina. Me sentía indiferente e incómodo estando allí.

En una de las tiendas, pregunté el precio de una docena de rosas. "Tres dólares", me respondió la mujer en español. En ese momento, pude ver por qué muchos turistas lo aclamaban tanto. La variedad floral era realmente sobresaliente. Cada color existente estaba representado por un número igualmente diverso de formas de pétalos de flores. Claro, no era una de esas cosas que yo buscaría. Pero más tarde, descubrí que estaba clasificado como uno de los diez principales mercados de flores del mundo. Darme cuenta de ello me hizo sentir muy bien.

En otra muestra de color, las calles alrededor del Parque Calderón eran un alboroto. Un desfile se abría paso. Los músicos tocaban instrumentos de viento mientras caminaban. Los camiones habían sido adornados como carros alegóricos y estaban completamente cubiertos con finos encajes y mantas de colores. En algunos, incluso los parabrisas estaban cubiertos de encaje. Había chicas adolescentes que montaban a caballo y vestían vestidos de encaje en capas, tan largos en algunos casos que casi cubrían a todo el caballo. Los propios caballos tenían mantas de colores sobre ellos. Muchos de los carros tenían un solo niño sentado en la parte de atrás con un tema similar a la realeza. Al menos así lo vieron mis ojos extranjeros. Había globos, bailarines y gente con trajes característicos caminando. El desfile era colorido, y los ánimos de los participantes, lo eran aún más.

Seguí dando vueltas. Un vendedor ambulante vendía tamales. Compré dos por 1,50 dólares y me senté. Los tamales son a menudo trozos de pollo envueltos en una masa espesa y cocidos en una hoja de plátano. Miden alrededor de veinte centímetros de largo y tienen la forma de un taco suave. Hay cientos de formas de hacerlos. Los míos eran de pollo. Comer comida callejera que no tiene regulaciones puede considerarse como un riesgo. Pero nunca tuve problemas con eso. El precio era perfecto.

Justo después de los tamales, encontré un postre extraño en otro vendedor. Una señorita vendía lo que parecía un helado. Su carrito estaba coronado con una tabla de cortar y encima había una montaña de helado. O eso pensé. Noté que la gente se iba con conos, pero ella no tenía todo derretido en sus manos. Me acerqué y pedí uno. Agarró un cono y lo usó para recoger el postre de la montaña. Rápidamente vi que estaba sacando una especie de crema batida de color. Sabía a crema batida pero mucho más dulce. Le di un dólar por dos.

Los mastiqué sin idea de que eran. ¿Era un cono batido? ¿Era algo batido? ¿Era un lácteo? No lo sabía. Solo sabía que tenía azúcar. Pero comí todo. La curiosidad me obligó a buscar la respuesta más tarde. Estos conos eran de espumilla o mousse dulce. Las espumillas se elaboran con claras de huevo, gelatina, pulpa de frutas y azúcar. Podría haberme comido una docena.

Durante el día, en ningún lugar me sentí inseguro ni vi cosas alarmantes como el alambre de púas. Había viajado lo suficiente a pie como para hacer que me dolieran. De cuadra en cuadra, y a través de vecindarios de aspecto más pobre, nadie me molestaba. Atravesé mercados estrechos, donde la gente vendía zapatos y ropa, y no temía a los carteristas. Filmé abiertamente sin mucho más que una mirada de alguno. En todo caso, los ojos de la gente notaron mis extraños pies. Llevaba sandalias y no hay parte de mi cuerpo más blanca que la piel de mis pies. Un grupo de chicas incluso pasó riéndose de eso. Me lo tomé con calma. Vagar por Cuenca fue una experiencia excelente. Sin embargo, esperaba encontrar una última cosa antes de dejar la ciudad.

De vuelta a la casa de June, tenía un extraño y enorme antojo por pizza. En Vilcabamba no había podido encontrar ni una rebanada como las de Nueva York que tanto me gustaban. Cuenca era lo suficientemente grande como para tener probablemente dos o tres pizzerías que podrían hacer una buena rebanada. Le pregunté a June si conocía algo local. Había un lugar a pocas cuadras de su departamento llamado Pizzería Tuttu Matto. Me puse en camino.

En el interior, era como si hubiera entrado en un restaurante italiano de la ciudad de Nueva York. Había columnas verdes, blancas y rojas, sillas rojas y verdes, paredes de ladrillo rojo y carteles gigantes de la Estatua de la Libertad. Estaba sonando música estadounidense. Pedí una pequeña pizza de pepperoni y me senté. Al igual que en el bus de Guayaquil, mis oídos se sumergieron en la vibración de melodías americanas que se cantaban en inglés.

The Eagles, *Hotel California*, sonaba mientras yo comía mis primeros bocados. Podrían haber sido ángeles tocando el arpa y yo no habría notado ninguna diferencia. Es posible que el entorno político y social de mi país hubiera dado giros confusos, pero daba gracias a Dios por la música. La extrañaba.

Dos amigos y una redención

No estoy seguro de qué es lo que hace que Vilcabamba sea más notable. Puede ser su reputación de ser el valle de la longevidad, el boca a boca de los viajeros del mundo por su forma de vida, o Mandango, el Inca dormido. Una formación rocosa se eleva por encima de Vilcabamba. Si la miras a lo largo en el ángulo correcto, el perfil lateral de una cabeza humana es casi imposible de confundir. Si miras más de cerca y aplicas un poco más de imaginación, puedes distinguir los brazos cruzados en la zona del pecho. Sabía de la existencia de Mandango desde mi primer día en Ecuador. Pero no fue hasta el 1 de febrero de 2017 que exploré Mandango por casualidad.

No había hecho mucho desde que había regresado a Vilcabamba, pero ese era el punto. No quería más que vivir como un extranjero con la mayor normalidad posible durante tres meses. Mi misión casi diaria y discreta era viajar a la ciudad, comer algo, notar las diferencias en el estilo de vida, conocer gente y tratar de disfrutar la experiencia. Si realmente necesitaba una excusa para no hacer más, era que tenía menos de USD 150. Los viajes extensos estaban fuera de discusión. Además, ¿cómo se llega a conocer realmente un lugar y dónde te encuentras en él, si te sigues moviendo? Eran como las once de la mañana cuando tomé el bus de la finca a Vilcabamba. Encontré mi restaurante favorito en la ciudad. Lo frecuentaba por el precio de su comida y el tamaño de las porciones. Por USD 3,50, uno podría llenarse comiendo camarones y arroz, con una bebida y un acompañamiento. La llamaba mi comida de mantenimiento. Comer sano en la granja me había hecho perder peso drásticamente. Yo era literalmente un hombre de palos. Esta comida de mantenimiento rica en carbohidratos dos veces por semana me mantuvo con vida y me permitió socializar un poco.

En este día en particular, pedí lo habitual. Una chica estaba sentada sola en la mesa al lado. En esta situación, a menudo activo el introvertido en mi interior, me hundo en mi cabeza mientras espero que las mujeres me hablen. Pero había algo en el aire o en los camarones ese día. La saludé y ella respondió con entusiasmo. La conversación fue tan fluida desde allí que ni siquiera recordaba haber comido. *Qué suerte tengo*, pensé.

Su nombre era Sandrina. Ella era una mujer indonesia, había viajado por seis meses por Sudamérica, y era el día de su cumpleaños. El desierto de Atacama fue el lugar más al sur donde había estado. El resto de su tiempo lo había pasado vagando con espíritu libre por los

Andes. Ella era nueva en la ciudad. Yo estaba ansioso por salir con alguien que no fuera Boring Man, mi alter ego. La conversación nos llevó a Mandango. Caminar parecía lo correcto, así que lo hicimos. Ninguno de los dos estaba preparado. Mis zapatos estaban en el zapatero del pueblo de Vilcabamba para que lo arreglara. Llevaba sandalias baratas. Sandrina tenía pantalones elásticos, estómago lleno y ganas de caminar con un extraño. Muchas personas que me han conocido rápidamente descubren que soy muy educado, quizá demasiado, un buen tipo por excelencia. Y, hombre, las historias de rechazo van lejos en mi vida debido a mi naturaleza agradable. Sandrina no lo dijo, pero estoy seguro de que no percibió ninguna amenaza por mi parte.

Ninguno de los dos sabía dónde estaba el comienzo del sendero, pero yo tenía una idea aproximada. Vilcabamba tenía apenas cinco cuadras en cualquier dirección desde el centro de la ciudad. Se decía que el sendero comenzaba en una de esas últimas cuadras. Naturalmente, lo buscaríamos cuesta arriba. Encontrarlo fue bastante fácil, aunque extraño en el sentido de que se sentía como atravesar el césped de alguien. Esto provocó el recuerdo de un rumor no confirmado que había escuchado sobre un turista al que habían robado y apuñalado en el sendero el año anterior. Me mantuve en alerta pero trataba de esconderlo de Sandrina con sonrisas. Una vez que pasamos la última casa, mi estado de ánimo se calmó.

Ir adelante se volvió bastante divertido. Sandrina tenía un gran sentido del humor y una actitud despreocupada que ayudó a borrar mi debilidad. Las fronteras que ella había cruzado, las montañas gigantes que había visto y sus experiencias hasta ahora hacían que el senderismo en Mandango fuera como un paseo por el parque. Me pareció que yo había tardado mucho a hacer una caminata por el sendero. Me pregunté cómo había tardado dos meses para hacerlo. Internamente, la respuesta era la aprensión por ir solo. Externamente, me había puesto en contacto con uno de los extranjeros de Vilcabamba, que había hecho la caminata varias veces. Pero se volvió difícil encontrarlo después de que aceptó que fuéramos juntos.

Pasamos por un bosque lleno de maleza. En una curva del camino, una vaca enorme hizo que hiciéramos una pausa. Su enorme tamaño y el escenario unidireccional de entrada y salida nos obligaron a intentar que se moviera. No lo haría. Entonces, le dimos la vuelta con cuidado.

El sendero salía del bosque hacia una ladera abierta y cubierta de matorrales. Más adelante, seguía de un lado a otro suavemente. Luego, se convirtió en una sección de zigzags cortos y afilados como el cabello de Homer Simpson. Esas idas y venidas bruscas significaban que estábamos llegando a una subida realmente empinada. A medida que aumentaba la elevación, la montaña parecía inclinarse más como si lo quisiera demostrar. A nuestro alrededor, ninguna de las plantas era alta. Podíamos ver claramente el camino a la base del Mandango, menos un tramo corto.

Sandrina fue delante. Ella era un par de años mayor, un poco más baja y yo tenía piernas sólidas por correr todos los días. Su ritmo era el adecuado para escalar. Cuando llegamos a esa pequeña sección que no podíamos ver, las cosas empezaron a ponerse divertidas. El sendero era tan empinado que, a lo largo de treinta metros, podías subir en línea recta usando las manos para trepar como un animal. Alguien había construido una barandilla aquí, pero estaba gastada y endeble. Claro, una caída no era una muerte segura, pero ahora estábamos lo suficientemente alto como para sentir que habíamos llegado al cielo. Aquí, el camino era de grava suelta y resbaladiza. Había muy poco a lo que agarrarnos, lo que nos daba la sensación de que estábamos totalmente al aire libre. Nuestros pasos eran cuidadosos y cortos hasta que rodeamos el primer pico.

Este marcó la mitad del camino. Al llegar allí, descansamos un poco. Llenábamos nuestros pulmones y exhalábamos asombro. Las montañas circundantes rodeaban a la pequeña Vilcabamba como una cuna. ¡Y se veían espectaculares desde aquí! Yo podía ver cinco líneas de crestas hacia el horizonte. Girándome un poco más, pude ver la cresta donde estaba la granja, a ocho kilómetros de distancia. Justo el *bed and breakfast* en el que me estaba quedando no se podía ver.

Nuestra mirada se volvió hacia una cruz un tanto sorprendente revestida con espejos. Tenía unos tres metros de altura. Mientras subía la colina, vi a un hombre mirándola y arreglando el cabello. Eso me había parecido extraño. Desde cualquier lugar, excepto justo al lado, parecía una cruz pintada de blanco. En muchas tardes en Vilcabamba en las que la había mirado, supuse que fuera blanca. Nunca capté un reflejo que me hiciera pensar de otra manera.

Esta cruz era fundamental para la tradición de Mandango. Para los incas, esta formación geológica era un gigante dormido, un dios acostado con la misión de proteger el Valle de la Longevidad de terremotos y desastres naturales. Ecuador es conocido por estos fenómenos naturales. Es parte del anillo de fuego del Pacífico. La leyenda inca dice que Mandango estaba en guerra con otra montaña. Entre ellas se lanzaban piedras gigantes. La colocación de la cruz puso en paz a los gigantes y detuvo los estruendos del suelo. Se podría imaginar que los estruendos del suelo fueran los terremotos y las erupciones volcánicas.

Desde aquí, podíamos ver los cambios de proporción ante nuestros ojos. De repente, Mandango dejó de verse como si tuviera quince metros de alto y noventa metros de largo, como se veía desde las calles de Vilcabamba. Ahora parecía tener cuarenta y cinco metros de alto y doscientos cincuenta metros de largo. Intimidación y belleza se igualaban en la formación gigantesca. Yo podía entender por qué los incas lo miraban así. Sus paredes eran escarpadas. Nada en el valle se destacaba como una anomalía como Mandango. Surgió una pregunta dentro de mí, y conozco a muchos que se han preguntado lo mismo: "¿Cómo quedó así?" Quería acercarme.

Sandrina me sorprendió cuando me dijo que quería quedarse en el punto medio. Ella no quería ir más lejos. Yo no podía entender por qué. Muchas palabras de aliento rebotaron de vuelta con una sonrisa y su honesta respuesta de "Estoy cansada". Qué plomazo. Allí estaba, a 150 metros de distancia, y ella no lo quería trepar. Ya habíamos caminado por una hora. ¡Ella estaba tan cerca!

Ella accedió a descansar allí hasta que yo regresara. No había forma de que yo no lo intentara. Me puse en camino por un sendero que conducía directamente a

Mandango. Cuando yo estaba a unos quince metros de distancia, muchas cosas se hicieron evidentes. Mandango era perfectamente vertical a noventa grados. Era alarmantemente alto. Pero no era una formación rocosa. No señor, era más extraño que eso.

Las paredes de toda la formación parecían depósitos sedimentarios de arena y lodo donde uno podría imaginar un fondo oceánico levantado por fuerzas tectónicas durante la creación de los Andes. Luego, con la erosión, severa en este caso, las paredes blandas se habían astillado y caído, pequeños pedazos a la vez. No había rocas de gran tamaño. Una observación precisa es que Mandango parece más lodo de lecho marino de 30 metros de alto, moteado totalmente con rocas redondas de río y erosionado por el agua. Las rocas redondas asomaban como granos del barro y de la arena, ahora sumamente endurecidos. Cada roca parecía estar esperando su turno para caer de la montaña y dejar un pequeño bolsillo de vacío. Al igual que descubrir que la cruz estaba cubierta de espejos, me sorprendió igualmente descubrir que Mandango no era solo una gran roca marrón.

Continué por la parte trasera de Mandango, un área que no es visible desde Vilcabamba. Dada mi total falta de conocimiento del sendero, no sabía qué tan lejos llegaría antes de ascender a la cima. Detrás de la formación, todo estaba sumamente silencioso. Era un tipo de tranquilidad que había sentido una vez en un día sin viento en el desierto del oeste de Texas. Aparte de mis pasos y mi respiración, no había ningún sonido. La formación bloqueaba cualquier viento que viniera. Y el silencio aumentaba la sensación de soledad.

Aquí, el sendero era muy paralelo a Mandango. A mi izquierda había un acantilado escarpado, mientras que a la derecha había un valle con una profundidad de más de 300 metros y una ladera en la cual sería difícil dejar de rodar. El sendero en sí era bastante fácil de seguir, aunque duro para los tobillos. Era más inclinado que plano.

Encontré un giro a la izquierda en el sendero entre una pequeña parcela de árboles. Después de una subida corta y embarrada, estaba en la parte superior de Mandango. Aquí arriba, solo había pastos. Daban a la formación gigante en forma de cabeza un toque de cabello, por así decirlo. Caminé no más de quince metros más y mi propio sentido común me detuvo.

El sendero continuaba pero de una manera demasiado precaria. A mi izquierda había una caída vertical de veinticinco metros. A mi derecha había una pared de hierba, con un ángulo que no permitía escalarla con seguridad. En línea recta, el sendero se había erosionado, creando así un desnivel de unos tres metros y medio que estaba en el borde del acantilado. Pude ver cómo el sendero se había ido abriendo. Dado que estaba en sandalias, con los pies mojados y no había nada a lo que pudiera agarrarme, no continué. Mi imaginación se apoderó de mí y pude ver que podrían suceder dos cosas. El sendero se desgarra en el momento en que lo pise o mi pie se desliza fuera de mi sandalia y me resbalo por el acantilado. Estaba disgustado conmigo mismo y decepcionado por tomar esta decisión. Me sentí un cobarde.

Caminando de regreso a Sandrina, no podía olvidar haber fallado en mi misión. Claro, estaba feliz de no haberme caído. ¿Pero realmente vendría a Vilcabamba y no llegaría a la cumbre del Mandango? No lo sabía. Sandrina preguntó si lo había logrado, señalando que no me había visto allí. Le dije: "No". Luego, culpé a mis sandalias mojadas más que al sendero que se estaba desmoronando. Era algo que estaba quemando dentro de mí en ese momento.

Ella era positiva, con un toque de neutralidad. Tenía otras cosas en la cabeza. Hizo un amigo durante la hora en que me había ido. Me presentó a un tipo llamado Lex. Llevaba un año viajando por Sudamérica desde su Australia natal. Lex era un par de años más joven que nosotros. Lo habíamos notado antes sentado solo, escribiendo o dibujando algo en un bloc de notas. Entre los tres, nos llevamos tan bien que planeamos ir de excursión al día siguiente a una cascada de la que había oído hablar.

Lex nos dejó para subir al Mandango. Le conté lo que había visto en el sendero y le deseé un ascenso seguro. Llevaba botas resistentes. Sandrina y yo nos fuimos de la montaña y nos separamos por la noche. Tenía muchas ganas de pasear con los dos al día siguiente.

Nos volvimos a encontrar por la tarde. Estábamos muy animados. Su compañía, y nuestras edades similares, realmente me alegraron el día incluso antes de que comenzáramos a caminar. Hice casi todo solo durante mi estadía en Vilcabamba. Alice y Dan habían estado allí durante nueve años, y para ellos, nada era tan nuevo ni tan emocionante como para mí. Su edad también les hacía buscar actividades menos extenuantes. Sandrina y Lex eran lo más cerca que había estado de tener amigos en Vilcabamba.

Les dije dónde pensaba que estaba el comienzo del sendero para la cascada. Me siguieron sin rechistar. Estaba con dos espíritus completamente libres. Comenzamos la caminata a las afueras del pueblo. Un camino de grava nos llevó a una colina pero luego se convirtió en nada. Era un callejón sin salida. Una buena intuición tardó diez minutos en llegar. Íbamos por el camino equivocado. Retrocedimos hasta una carretera y nos alejamos un poco más del pueblo.

Vilcabamba era increíblemente bonita por aquí. Las personas que se habían establecido en esta parte de la ciudad realmente se habían esforzado por crear jardines de flores, viviendas de aspecto creativo y granjas terminadas. Árboles altos y maduros de eucalipto crecían entre el camino y el rápido río Yambala. La cresta de una montaña prácticamente formaba un triángulo verde natural. Era una ladera más empinada que cualquier otra que hubiera visto en la ciudad. El paseo fue tan agradable como un paseo por el vecindario. La persistente sensación de que estaba caminando por California volvió a aflorar. Realmente parecía un barrio californiano.

Sabíamos que íbamos por buen camino cuando vimos un letrero que decía: "Parque Nacional Podocarpus". Mostraba emblemas de una cámara, un excursionista y una cascada. El sendero comenzó con un puente peatonal que cruzaba el Yambala. En cinco minutos, estábamos atravesando cambios de paisaje que parecían demasiado abruptos para tener sentido.

Inmediatamente, el sendero se tornó empinado y húmedo. El camino estaba salpicado de profundas hendiduras fangosas hechas por cascos de caballos. A nuestros lados, las paredes verticales de tierra a menudo eran más altas que la altura de nuestra cabeza. Esto creaba la sensación de caminar a través de un túnel estrecho. Las sombras perpetuas se habían combinado con un follaje espeso para mantener la humedad en el suelo. Un poco de humedad se elevaba del barro y del sendero cerrado. Íbamos cuesta arriba rápidamente y sudando.

En un par de cientos de metros, saldríamos de allí a un nuevo entorno. Era casi como estar en el desierto. Aquí abundaban las plantas verdes de hojas gruesas que parecían rayos de sol. Debajo de nuestros pies había piedras completamente secas. La hierba parecía seca y teníamos un mirador abierto más adelante. No muy lejos, y nuevamente, estábamos en otro canal. Este estaba muy por encima de nuestras cabezas, tal vez a tres metros y medio de altura. Piedras toscas, sueltas y secas formaban sus paredes. Se movía en zigzag con un aire de diversión, como si uno caminara por un laberinto. No sabía por qué este sendero tenía estos canales estrechos, pero supuse que el paso de los caballos había ayudado a acelerar la erosión. Nunca había caminado en ningún lugar parecido. Me alegré de que mis nuevos amigos también pudieran experimentar esta novedad.

Cuanto más nos alejábamos de la ciudad, más salvaje se sentía el ambiente. Por supuesto, no estábamos muy lejos. Mirando a los alrededores, uno veía colinas que se estiraban hacia el horizonte adelante y atrás. Vilcabamba estaba escondida en uno de sus valles, mientras que la cascada estaba en otro. Pasamos por lugares húmedos y secos varias veces. Si una parte del sendero estaba cubierta por bosques, estaba también embarrada. Si estaba en lugar abierto, el sol la mantenía seca.

Un par de personas pasaron por nosotros montando a caballo. Pudimos ver cuánto más rápido podían trepar los caballos. Estábamos en un terreno que les permitía caminar el doble de rápido que nosotros. Parecía que solo íbamos cuesta arriba. En estas elevaciones más altas, el musgo español colgaba de los árboles. Esa fue otra sorpresa.

A lo largo del par de kilómetros hasta la cascada, me enteré de los viajes que habían hecho mis dos compañeros, así como de los lugares que recomendaban visitar. Me contaron adónde se irían después y sobre las personas que habían conocido. Tuve que meter sus recomendaciones en otro archivo de almacenamiento en mi mente. No les dije lo patéticamente arruinado que estaba.

Llegamos a otro cruce del Yambala. En cualquier tramo, era un arroyo de cuatro metros y medio de ancho más bien que un río. Oímos el ruido de la cascada cerca y el sendero había acabado en un pastizal. Dos vacas estaban ahí tranquilamente en un cobertizo de adobe. Seguimos el sonido del agua mientras descendíamos por sus pastos. En el otro extremo, un sendero traicioneramente empinado y embarrado era el camino a la cascada. En el fondo, era tan empinado y resbaladizo que se había instalado una cuerda para ayudar a la gente a descender.

Habíamos encontrado un mundo secreto en la base de la cascada. El diminuto Yambala, que habíamos cruzado unos minutos antes, ahora retumbaba después de su caída de veinticinco metros en una piscina poco profunda. Paredes de roca encerraban los lados de la cascada. Crecía en ellas un musgo muy verde. El viento del agua que caía era lo suficientemente fuerte como para que las paredes de roca parecieran vivas mientras el musgo revoloteaba sin cesar.

Nos quitamos los zapatos y entramos. Luego me quité la camisa y les presenté a mis dos amigos bronceados el color blanco de Virginia Occidental. No me importaba lo que pensaran. La timidez no era necesaria. Este era un momento especial con buena gente. La cascada estaba helada. Lex tomó una serie de fotografías que me muestran tratando de recuperar el aliento en lugar de sonreír bajo las cataratas. Disfrutamos del almuerzo y de la compañía de los demás en un breve momento de perfección.

Regresar a Vilcabamba fue muy similar a la caminata hasta la cascada. De alguna manera, parecía que íbamos cuesta arriba todo el camino. La realidad nos mostró que subíamos la ladera de una montaña, descendíamos un poco, subíamos de nuevo y descendíamos. De cualquier modo, las subidas eran empinadas. Bromeé diciendo que Ecuador debe ser el lugar donde todos los veteranos iban a la escuela. Mucha gente creció escuchando la historia: "Cuando era niño, caminaba hacia la escuela cuesta arriba, en ambos sentidos". En la caminata a la cascada, tuvimos esa sensación.

Tomamos un taxi en el comienzo del sendero, nos subimos a la parte de atrás y nos dirigimos a Vilcabamba. Les convencí de que fuéramos a un lugar llamado Charlito's. Después de un par de cervezas y muchas risas, pude apreciar el tiempo que pasé con Sandrina y Lex. Al día siguiente, se irían de Vilcabamba. Probablemente nunca los volvería a ver y los extrañaría.

La historia de la cascada podría haber terminado ahí. Pero unos días después, regresé solo. Descubrí que solo había sacado fotos cuando estuve allí. No grabé ni un segundo de video y quería hacerlo. Esta fue una razón perfecta para volver a la cascada. Esperaba poder experimentar los prolijos canales del sendero y volver a estar en el campo. Esperaba filmar la caminata y la propia cascada, y sentirme redimido.

Cuando llegué a la cascada, no había nadie. Durante una hora, la tuve para mí solo. Paz en la tierra; así se sentía. Cuando me fui, miré la hermosa cascada y dije: "Adiós, cascada". Estoy bastante seguro de que nunca la volveré a ver. En el camino de regreso a Vilcabamba, resbalé y caí dos veces en las rocas sueltas del sendero. ¡Si Sandrina y Lex hubieran podido ver eso!

Aún así, algo me estaba carcomiendo. Me estaba acercando a la marca de dos semanas para dejar Ecuador. No había puesto mis pies arriba del Mandango. Una hermosa mañana adornó la provincia de Loja el 13 de febrero de 2017. Busqué mis zapatos en el zapatero del pueblo y, caramba, iba a conquistar Mandango.

Mi comodidad por estar en Ecuador estaba ahora en un nivel en el que me sentía seguro en todas partes. Entonces, en lugar de tomar el autobús a la ciudad, decidí caminar los ocho kilómetros y después continuar por el sendero. Solo había un problema. Si pudiera pasar por un perro blanco nervioso a tres kilómetros de la granja, estaría libre. Ese estúpido perro me había perseguido y casi me mordió la pantorrilla mientras corría un día. Salí de la finca con un bastón. Estaba listo para él.

Afortunadamente, el perro no me escuchó pasar. En cambio, me topé con una docena de vacas que eran llevadas por la carretera a un prado diferente. Seguí su ritmo durante un kilómetro, amando la vida rural sencilla. Un par de kilómetros tranquilos después de eso, y yo estaba en la base de Mandango, mirando hacia arriba.

Mis pies marcharon con fuerza hacia la parte del sendero donde me había rendido antes. Entonces, me di cuenta de que todavía no parecía seguro con zapatos. No había forma, por mil demonios, de que volviera. Con cuidado, di un paso adelante. El ángulo de inclinación del sendero favorecía la caída desde el acantilado. Me arrastré un poco más. Mi cuerpo se mantuvo cerca de la pared de hierba. Mi pensamiento era, *mantente unida, tierra. Mantente unida.* Lo hizo.

Seguí adelante a través de un sendero en la hierba que serpenteaba de un lado a otro. La parte superior de Mandango era como una suave cúpula de hierba. El terreno era lo suficientemente empinado como para caminar directamente hasta la cima. Un resbalón y no habría posibilidad de recuperación.

Parte del sendero estaba mojada por un manantial natural. Esto aumentaba las probabilidades de un resbalón y no tenía ni un ápice de sentido para mí. Mandango era una proyección de la Tierra del mismo modo que una mesa es una proyección del suelo. Respectivamente, no es tan grande en comparación con las montañas circundantes. ¿Cómo llegaba el agua hasta aquí? Mandango parecía demasiado estrecho para eso. Hablé de cosas que van cuesta arriba en Ecuador. Aparentemente, el agua también lo hace. Todavía no puedo entenderlo.

Avanzando, seguí cuidadosamente el sendero, pensando en ese manantial. Luego, ahí estaba, la cima de Mandango. Fue un momento de dulce redención, lo había logrado. Saqué mi navaja y escribí el nombre de Sandrina en el suelo. Luego, le tomé una foto para compartir con ella algún día. En nuestra caminata hacia la cascada, Lex me había dicho que había llegado a la cima de Mandango. Llegó a ver lo que yo estaba viendo ahora.

Girar mi cuerpo en un círculo hizo que tuviera una vista de 360 grados de parte de uno de los lugares más notables que alguien puede esperar ver. Un título extra se agregó en mis matemáticas montañesas por haber experimentado otro lugar en este maravilloso país, donde lo que sea que esperes encontrar, lo verás y aun un poco más.

Carnaval

Soy un tipo observador, aunque con limitaciones. Cuando estoy comprometido en un momento, le doy toda mi atención. Las cosas que me rodean de cerca son siempre muy consideradas. Si son importantes, entonces se les reconoce la importancia. De lo contrario, se descartan rápidamente. Casi nada pasa desapercibido.

No puedo decir lo mismo de la atención asignada a la planificación anticipada. Soy demasiado indulgente en ese aspecto. No soy muy partidario de insistir en el tema, ser entrometido o molesto con los demás. No necesito ser el centro de atención. En la inmediatez de la conversación, por lo general escucho en lugar de liderar. A menudo no sé lo que la gente está haciendo en su vida privada y, por lo general, no sé qué ha planeado una comunidad. En general, agradezco que las cosas transcurran sin problemas. Esta forma general de ser hacía que Vilcabamba estuviera a punto de enseñarme algo nuevo y emocionante que nunca vi venir.

Alice y Dan vivían mucho al estilo estadounidense en Ecuador. Eran hogareños que mantenían un apego casi umbilical con su mundo nativo a través de Internet. El español de Dan era solo un poco mejor que el mío después de estos dos meses. Eran personas que tenían una existencia buena y pacífica en un país extranjero en el que influían positivamente. Empleaban a tres hombres, enfocados en reciclar, hacer abono, cultivar sus propios alimentos y repartir sonrisas entre la gente que se les acercaba. Pero no eran del tipo de personas que se involucraban culturalmente con Ecuador.

Nuestras conversaciones eran principalmente sobre ciencia, arte, qué comeríamos, sus viajes, lecciones aprendidas y, especialmente, el entorno político actual. La elección del presidente Trump fue un tema candente en la granja. Cualquier mención de Vilcabamba preparándose para una celebración masiva llamada Carnaval era fugaz y estaba flanqueada por la indiferencia. Mis amigos no alcanzaron a avisarme cuán llena estaría Vilcabamba de ecuatorianos visitantes. Esos detalles llegaron lentamente, como sorpresas sutiles, a través de la observación diaria.

Todavía iba a la ciudad casi todos los días. A menudo, simplemente iba y ni siquiera se lo decía a mis amigos. La verdad es que estaba bastante solo en la granja. Pasaba la mayor parte de mi tiempo en el B&B escuchando música, escribiendo, haciendo ejercicio o sentado en la terraza admirando la vista. Había contemplado la gloriosa montaña, al otro lado del camino, durante horas y horas. Me di cuenta de que los

viajes diarios a Vilcabamba podían ayudar a combatir la
soledad. A veces caminaba hasta allí. A veces tomaba el
autobús. Tenía una rutina y esperaba con ansias esos
breves viajes a la ciudad.

Un día a finales de febrero, estaba comiendo los
mismos camarones con arroz de siempre. Nada fuera de
lo común. Siempre había unas tres personas caminando
en la plaza del pueblo, y el sol casi siempre brillaba. Pero
justo al lado de mi restaurante preferido había algunas
cajas negras y algunos marcos de metal en la calle. Pensé
que tal vez una tienda o una persona se estuviera
mudando. La verdad que no se me ocurrió nada más.

Al día siguiente estaba de vuelta. Algunos chicos
habían levantado un escenario. Habían vaciado aquellas
cajas para darle un techo a la estructura de aluminio.
Noté que había altavoces y equipo de micrófono. *Bueno,
Vilcabamba va a tener fiesta.* Este parecía el tipo de
escenario utilizado en Macas en la víspera de Año Nuevo.
Aun así, no lograba captar el alcance de las cosas. Y no
les dije nada a Alice y Dan. Pasaron dos días más. Se
acercaba el fin de semana. Vilcabamba albergaba ahora
al doble de su población. *Carnaval* se había convertido
en una palabra de moda en la calle.

Ser observador no significa que siempre seas hábil.
Estos cambios deberían haber sido una pista para los
próximos días. Descubrí que lo que los ecuatorianos
llamaban Carnaval era la misma celebración que yo
conocía como Mardi Gras. Estuve en el Mardi Gras de
Nueva Orleans tres veces. Sabía que era una fiesta
salvaje. Sabía que podías cambiar joyas por tetas y que la
cerveza se vendía a 2 por 1, quisieras dos o no. Sabía que
Mardi Gras era a finales de febrero. E incluso sabía que

en Trinidad se celebraba algo llamado Carnaval. Demonios, incluso sabía que era como Mardi Gras. Pero nunca hice la conexión de que la mayor parte de América Latina celebra Mardi Gras y lo llama Carnaval. Y ciertamente nunca se me ocurrió que la pacífica Vilcabamba sería un centro de festejo.

Otra verdad es que nunca había sido una persona religiosa. El Carnaval es una celebración acorde con las tradiciones cristianas. Las únicas fiestas cristianas que afectan mi vida son el Día de Acción de Gracias y la Navidad. Y si no fuera por las reuniones de mi familia en esas fechas, pasarían como un día más. He perdido la conexión con todo eso. Se podría argumentar que yo también me perdido. Sin embargo, sabía que agradecería la oportunidad de celebrar con la gente del pueblo antes de la Cuaresma. La emoción creció dentro de mí cuando me di cuenta de lo que se avecinaba.

Los largos, silenciosos pero hermosos días en la granja terminarían por un tiempo. Estar al día con los cambios me mantuvo alerta. El Carnaval era algo novedoso y la fecha se acercaba tan rápido. Ahora tenía más que hacer que ir a la ciudad a escribir notas, comer y mirar a mi alrededor. Me quedé en la ciudad la mayor parte del día desde el viernes hasta el martes.

Cuando llegó el fin de semana de Carnaval, la ciudad estaba repleta. Su existencia adormecida se había acabado. Los niños corrían como manadas de coyotes. Nadaban y chapoteaban en la fuente que yo admiraba. Vilcabamba estaba organizando una fiesta mucho más grande de lo que imaginaba. ¡Caramba!

Hubo un desfile celebrando grupos locales de escolares, ancianos de la ciudad y nuevos residentes.

Estos grupos organizaron rutinas de baile sincronizadas. Los jueces se colocaron a lo largo del camino del desfile para elegir un ganador. En ningún momento de mi vida había visto a un grupo de ancianos bailar tan continuamente. Iban con todo la potencia que tenían. Algunos coches habían sido adornados como carros alegóricos extravagantemente decorados. Los militares de Ecuador participaron en el desfile tocando instrumentos. Algunos lugareños mostraron su destreza a caballo en exhibiciones de equitación.

El escenario de hace unos días ahora estaba lleno de música y bailarines. Fue sede de una competencia de trajes de baño. La naturaleza de las mujeres que participaron parecía tan reservada que me parecieron demasiado tímidas para hacer tal cosa. Faltaba el alarde escandaloso que se puede ver en un lugar como la ciudad de Panamá, Florida, durante las vacaciones de primavera. Más allá de eso, había disfraces extraordinarios y una banda de adolescentes que los jóvenes lugareños parecían disfrutar. Una banda de rock los entretuvo durante un rato. La multitud se enloqueació un poco entonces. En los momentos de inactividad en el escenario, nos empapaba la música de fiesta que salía de los parlantes. Apenas podía creer lo que estaba viendo, teniendo en cuenta los casi tres meses que llevaba allí.

No fue hasta el lunes que las cosas se pusieron realmente fuertes. Fue entonces cuando la ciudad llegó a plena capacidad y la gente se desparramó por las calles. Ahora, Vilcabamba albergaba a miles. No pude imaginar cuántos eran. El pequeño paraíso de la montaña se había convertido en una granja de hormigas errática hecha de personas. Me di cuenta de algunas cosas bastante rápido. Debías estar alerta, mirar a todos lados y no usar ropa que se arruinara fácilmente.

El Carnaval de Ecuador trajo consigo una fantástica tradición de guerra con pistolas de agua y con espuma en aerosol. Para un extranjero, esta parte del festival era de lo más impactante. Podía imaginarme a algunos de los extranjeros mayores intimidados por el volumen de agua salpicada y la espuma del aerosol en la cara.

De hecho, algunos extranjeros me lo habían dicho. Algunos incluso sugirieron que no fuera a las festividades debido a sus opiniones personales y algo santurronas sobre el Carnaval. Este era un momento en el que el pequeño pueblo de Vilcabamba no funcionaba según los deseos de muchos de los extranjeros jubilados que ahora vivían allí. En cambio, Vilcabamba acogía los deseos de los ecuatorianos. El Carnaval se celebraba como una tradición cristiana en una ciudad de personas principalmente católicas. Los extranjeros eran los extraños. Algunos parecían egoístamente ofendidos por la situación actual de Vilcabamba. Para ser justos, debo mencionar que vi a un puñado de caras extranjeras conocidas. Me alegró verlos abrazar una tradición de su tierra adoptiva.

Por mi parte, soy un gran fanático de algo como el Carnaval. Número uno, me gusta la fiesta. Número dos, me gusta llevar la diversión honesta al extremo. En toda mi infancia, nunca hubo una pelea de pistolas de agua como la que había en Vilcabamba. Cada maldito niño tenía algo con lo que podía lanzarte agua al ojo. Y si no tuvieran, encontrarían un balde. Y si no era un niño quien te echaba agua, eran sus padres o sus tías y tíos. La fuente estaba perdiendo el partido, dada la gran cantidad de baldes que la drenaban. Vi a un grupo de jóvenes que llevaban a su amigo a la fuente para arrojarlo. Mojarse, estar mojado y, sobre todo, mojar a los demás, era el nombre del juego.

Si los chorros no provenían de una pistola de agua, entonces provenían de una lata de espuma en aerosol. Los vendedores deambulaban vendiendo latas de espuma por dos dólares. Compré dos latas para tener la oportunidad de tener una en cada mano. La gente me echaba espuma y yo les echaba a ellos. No importaba si te habían mojado antes o si eran inocentes. Incluso vi que tiraron a un policía un globo de agua a la cabeza sin causar ningún incidente. Era tan aceptado culturalmente que nadie se preocupaba. Y la espuma en aerosol no dañaba en nada mi ropa.

Llegó el martes de Carnaval. Por la tarde, la ciudad estaba activa de nuevo. La pelea de la pistola de agua aparentemente nunca terminaba. La espuma todavía volaba y la gente estaba manchada de blanco en cualquier lugar al que miraras. Los vendedores de comida ofrecían lo que habían traído especialmente a Vilcabamba. Caminé hacia Charlito's para juntar algo de energía antes de vestirme las piernas de la fiesta. No fue muy inteligente, pero traje mi mochila con mi computadora y mi cámara para escribir y filmar.

Antes del Carnaval, venía a Charlito's una vez a la semana. El tipo americano, dueño del lugar, era un hombre decente. En Charlito's, puedes comer algo y tomar un cóctel. Era sencillo encontrar a alguien más con quien hablar en inglés. Sus clientes eran extranjeros mayores. Comencé a ver caras familiares allí. Me gustó el lugar.

Ahora, había terminado de escribir y quería salir. Pero tenía mi mochila. Le pregunté al propietario si podía dejarla detrás de su barra durante un par de horas. Nada en él decía que esto fuera algo de lo que preocuparse. Confiaba en él. El aceptó. Pedí un whisky con coca cola y pregunté si estaba bien tomarlo fuera del bar. "Claro. Solo trae mi vaso de vuelta", me dijo. Acepté y me fui a la fiesta.

Salí de Charlito's con un vaso lleno de diversión. Caminando por la plaza del pueblo, con la otra mano sosteniendo una lata de espuma en aerosol, vi a un tipo llamado César. Ayer, me había encontrado con él por primera vez cuando se había acercado a mí. Supongo que quería saber qué pensaba yo del Carnaval. Era un ecuatoriano que hablaba inglés y que había viajado solo desde Loja. Pensé que César estaba demasiado bien vestido para la ocasión. Su cabello era largo y llevaba el cabello hacia atrás. Era de naturaleza tranquila y estaba bien afeitado. En todo el tiempo en que estuve cerca de él, nunca se quitó sus enormes y elegantes gafas de sol. Se portaba con una tranquilidad parecida a la de un tipo de la mafia. Nunca me hubiera acercado a él primero, dada su ropa y su rostro serio.

Ahora, lo había encontrado de nuevo. Estaba feliz de verme. Y ambos sabíamos que teníamos un amigo con quien celebrar. Estaba a punto de continuar la guerra de agua, y César vino conmigo. No participó, pero no estaba inmune de ser una víctima, incluso con su elegante ropa.

Cuando mi vaso se vaciaba, regresábamos a Charlito's para llenarlo. Esto era posiblemente lo peor para un tipo como yo. En Estados Unidos, todo está tan regulado que a menudo se le quita la diversión. El hecho de que pudiera salir del bar con una bebida significaba que no tenía que perderme nada. Podía disfrutar de toda la música. Conocimos a todo tipo de personas y no podría haberlo pasado mejor. A diferencia de mi experiencia en el Mardi Gras de Nueva Orleans, el Carnaval aquí se sentía seguro. Me sentía feliz.

Al anochecer, Charlito's me había servido alcohol suficiente como para emborrachar a tres personas. Pero yo lo aguanté sin problemas. Beber y no perder el control total fue una habilidad que adquirí a través de años de práctica. Cerca de la medianoche, ya nos habíamos hartado de la plaza del pueblo y de la pelea de agua. César me preguntó si me gustaría ir a un bar que estaba más adelante en esa calle. No sabía que había un bar en el área de Vilcabamba que él mencionó. Pensaba que todos los edificios eran residenciales allí. Dijo que había estado allí antes, durante el Carnaval. Era un lugar frecuentado por los ecuatorianos. Dijo que era como una discoteca. "Habrá chicas allí", me animó. Al escuchar eso, no necesité más argumentos.

Llegamos a una especie de tumulto en un estacionamiento. Incluso en mi estado de ebriedad, esto levantó una bandera roja. Sabía que me destacaría entre la multitud. El alcohol me instó a actuar con calma mientras seguía a César al interior. De inmediato, nos dimos cuenta de que las chicas no eran tan abundantes como esperábamos. De todos modos me abrí paso hacia a la pista de baile. Se me conocía por haber movido el esqueleto en el pasado. Y nada más rápido que el whisky para estimularlo. Demonios, pensé que podría atraer a una mujer si les mostraba mis divertidos movimientos borrachos. No digo que sean buenos movimientos, pero son únicos y mucho mejores que los rígidos y sobrios con que me moví en el baile durante la Navidad en la casa de la familia de Iliana.

César se quedó a un lado. Estaba bien con una bebida y un movimiento constante de cabeza al ritmo de la música. Era el movimiento perfecto para un chico con gafas de sol en una discoteca oscura. Bailé con ganas unas cuantas canciones y luego pedí un último cóctel. Debería haber parado luego de los whiskies de Charlito's.

Habíamos estado allí durante un período de tiempo desconocido cuando comencé a notar que algunos me miraban. Y no de forma amistosa. Algunos de los jóvenes me estaban evaluando. No había hecho nada amenazador a nadie. Pero sobresalía como el único gringo allí. Estaba experimentando lo que sucede cuando la gente permite que el alcohol tome el control.

Con bastante precisión, algunas bebidas se conocen como bebidas espirituosas. He descubierto que las energías negativas a veces se liberan después de beber demasiado. Bajo su control, el cuerpo está listo para acompañarlas. Ya sea como un problema social o una dura resaca, el alcohol casi siempre viene a cobrar el pago por la diversión.

Y él me había atrapado de nuevo. Llegué al borde de tocar fondo mientras consumía el último coctel. El enojo que podía sentir de algunos ecuatorianos borrachos se fusionó con mis náuseas. Y entonces, hice lo más inteligente. Simplemente salí. Diez minutos antes, había pensado que podría festejar hasta el nacer del sol. Ahora, tenía que averiguar a dónde ir. Los autobuses no circulaban tan tarde. Tampoco había taxis. Y no tenía una habitación en Vilcabamba. La única opción que logré imaginar era caminar de regreso a la granja. Entonces, allí fui.

La decisión de dejar el club nació del recuerdo de las cosas que suceden estando en un estado avanzado de borrachera. Antes mencioné haber tenido únicamente un encuentro potencialmente negativo con ecuatorianos. Ocurrió cuando estaba en la celebración de Año Nuevo en Macas. Para ser sincero, es posible que haya leído mal las señales en esta noche en el club, y es posible que los jóvenes ecuatorianos no me hubieran estado evaluando. Sin embargo, algo me dijo que sí. El instinto me instó a irme y sofocar la posibilidad de una situación verdaderamente negativa con ecuatorianos. Esa noche, cuando salí del club, podía decir que no había tenido ni una sola situación negativa, cara a cara, por parte de los ecuatorianos en todos esos tres meses. Esta es una verdad importante para los viajeros que desean visitar Ecuador.

Más temprano, cuando entramos en la discoteca, ya habíamos acortado algunas cuadras de la distancia a la granja. Ahora, mientras pasaba por las afueras de la ciudad, las cosas no estaban tan mal. Había postes de luz y luces provenientes de las casas. Una vez que estaba fuera de la ciudad, era bastante parecido, aunque con un poco menos de luz. Yo estaba bien en mis tropiezos de ebrio. Llegué a la curva que seguiría hasta la granja. Todo estaba bien. Faltaban poco más de siete kilómetros. Había hecho este camino varias veces a la luz del día.

Sin embargo, caminar en la oscuridad era una historia diferente. Al kilómetro y medio de camino, la idea de ser atacado por los lugareños borrachos del bar se instaló en mi cerebro. Aceleré el ritmo. No podría haberme puesto en una posición más vulnerable para ser secuestrado. La situación se actuaba en mi cabeza: los hombres llegaban con un camión detrás de mí, saltaban, me superaban en número y yo terminaba como trocitos de comida de pescado.

Tres kilómetros más por este camino sumamente oscuro y rural, y la idea de ser atacado por alguien fue superada por el pensamiento del jaguar. Sabía que esa maldita cosa estaba ahí fuera en alguna parte. Pero, ¿dónde? Este pensamiento se apoderó de mí por completo. Pronto, mi cerebro chisporroteó de miedo. Saqué mi navaja de bolsillo y la abrí. Mi mano derecha la sostuvo firmemente y aceleré aún más mi paso. A mi alrededor, la única luz provenía de la pequeña cantidad de estrellas en el cielo. Esta sección de la carretera estaba escasamente poblada de granjas. Entre cada una, mis ojos luchaban por ver el pavimento bajo mis pies.

Estaba a un kilómetro y medio de la granja cuando descubrí lo oscuro que estaba el camino. Tenía mi cuchillo, simplemente no quería ser asesinado por ese jaguar. La ansiedad me poseyó. El alcohol pareció algo secundario. Y seguro que no me hizo más valiente. Caminaba a un ritmo rápido cuando mi cuerpo fue envuelto por algo grande. Casi grité. La oscuridad era tan densa que no vi que un árbol caído había bloqueado la carretera. Me enredé en sus ramas sin haberlas visto. Mis brazos colgaban a mi lado. Si hubiera sido el jaguar, no tenía ninguna posibilidad de verlo venir. Caminar más de siete kilómetros no sirvió de nada para ajustar mis ojos a lo oscuro que estaba el camino.

Retrocedí y salí de las ramas. Me sentí un poco aliviado por lo gracioso que habría sido para un espectador. Trepé al árbol, riéndome de mí mismo por estar tan impotente. La finca estaba a unas cuantas curvas. Casi podía ver sus luces.

Llegar allí no alivió mi ansiedad. Sorprendentemente, la incrementó. Dejé la firmeza de la superficie de la carretera por el sendero hacia el B&B. Crucé el puente peatonal y recé por 100 metros más de suerte. Me dirigía al lugar exacto donde había escuchado al jaguar cada vez. Para llegar allí, tendría que caminar a través de la hierba alta, más allá de la arboleda de plátanos y hacia el borde del bosque. Seguí adelante ya que era la única opción.

El alivio fue inconmensurable cuando cerré la puerta detrás de mí. Estaba muy consciente de lo estúpido que había sido aquella caminata. El agotamiento me abrumó cuando la ansiedad se disipó. Tenía tanta adrenalina que no me di cuenta de que todavía estaba borracho.

A última hora de la mañana, entré en pánico al recordar que había olvidado mi mochila en Charlito's. Había un par de miles de dólares en electrónicos allí. Cogí el bus a Vilcabamba con los dedos cruzados. El dueño de Charlitos había guardado mi mochila de forma segura. Después de haberme hecho ese favor, estoy orgulloso de mencionar la honestidad del propietario y recomiendo visitar su establecimiento mientras pasa.

Vilcabamba había vuelto ahora a la tranquilidad que había conocido. Los trabajadores estaban limpiando todo. Había gente marchándose constantemente. Se había producido una rápida transformación en la aldea. Estaba en silencio de nuevo.

El momento de la celebración del Carnaval me hizo sentir como si hubiera venido a Ecuador y vivido en paz y felicidad durante tres meses, y después, hubiera llegado una fiesta de despedida a la ciudad. Por supuesto, habría sucedido si yo estuviera allí o no. Pero el Carnaval se sintió enviado desde arriba. No conocía sus características y todo fue una sorpresa. Para mí, fortaleció aún más la referencia de unidad expresada entre los ecuatorianos. No había forma de agradecerles a todos por la fiesta. Entonces, lo digo ahora: ¡gracias a todos por la fiesta!

Tres meses como extranjero

Alcancé un nuevo nivel de ser extranjero el día que me quedé sin dinero. El Carnaval llegó a la ciudad y me sacó del bolsillo hasta la última moneda que restaba a mi miserable nombre. No me disculpo ni me arrepiento de lo que hice. Pero admito que fue una irresponsabilidad comprar bebidas, comida y espuma en aerosol para pasar un buen rato. Incluso menos sabio había sido viajar a Sudamérica con solo 579 dólares. En unos días volaría a casa. Estaba bajo presión y necesitaba algo de dinero.

Siempre que necesitemos dinero en la vida, podemos estar seguros de que proporcionar valor a los demás es una forma de ganarlo. Comenté a Alice sobre mi problema financiero. Seguramente había algo que podía hacer en la granja a lo que proporcionarle valor. Se le ocurrió algo en el acto. El campo de abajo, ubicado cerca del B &B, necesitaba ser cortado. Y había una antigua vía de acceso, que conducía al otro extremo de la propiedad, que necesitaba lo mismo. Ella accedió a pagarme por ese servicio.

¡Genial! Puedo ganar un par de cientos de dólares para viajar a casa, pensé. Pero aquí es donde descubrí ese imprevisto nivel *extra* de ser extranjero. Alice dijo claramente que me pagaría veinte dólares estadounidenses por ocho horas de trabajo. Aquí fue también donde el tonto que hay en mí obtuvo lo que merecía. Ella estaba en lo cierto con su análisis de la situación. Yo necesitaba dinero y ella tenía dinero. Pero ella también empleaba a tres trabajadores a tiempo completo que normalmente desmalezaban el campo. ¿Por qué esperaba que me pagaran salarios estadounidenses cuando ellos harían ese trabajo por salarios ecuatorianos equivalentes a unos veinte dólares estadounidenses al día? Descubrí que, hasta que te enfrentas a este tipo de cosas, no son evidentes. Tuve que trabajar como extranjero en lugar de como estadounidense. Con el tiempo que tenía podría salir de Ecuador con sesenta dólares. Me puse a desmalezar.

Pasaron esos tres días. Alice intuyó que yo debería tener un poco más de dinero para viajar. Así que hizo más atractiva la propuesta cuando se le ocurrió la idea de pagarme para hacer videos cortos para compartir en la web. Estos mostrarían sus lotes de construcción a la venta. Años antes, había limpiado y nivelado la tierra en un campo adyacente con la esperanza de atraer compradores que quisieran construir y ser parte de una comunidad orgánica de extranjeros. Hasta ese momento, no se había vendido ninguno. Mi trabajo consistiría en filmar los lotes con la mejor luz posible mientras editaba el texto en los videos. Ella accedió a pagarme 100 dólares por esto. La edición de video requiere un tiempo considerable y yo no lo tenía. Entonces, acordamos que haría esto en Estados Unidos. Luego, le enviaría el producto final.

Tres meses en Ecuador me mostraron innumerables diferencias de dónde me encontraba y de dónde venía. Durante el desmalezado, me di cuenta que la granja no tenía una cortadora de césped. Caí en la cuenta de que no había visto una cortadora de césped en tres meses. Parecían no existir en Ecuador. En cambio, los machetes y las desmalezadoras eran las herramientas que se utilizaban para rebajar y cortar el césped.

En tres meses, no vi un solo huevo blanco. Tampoco comí un huevo refrigerado. En Estados Unidos pasteurizamos los huevos y luego los refrigeramos. Eso es mayormente innecesario. Iba al mercado de Vilcabamba y compraba tres docenas de huevos marrones grandes por tres dólares. Dejaba los huevos encima del refrigerador del B&B, desafiando la norma. Esos huevos con arroz, y con frutas y verduras gratuitas cultivadas en la propiedad, eran mi dieta principal.

Salí de Estados Unidos pesando 91 kilos. La dieta en Ecuador había sido tan efectiva que mi cuerpo me agradeció al bajar 12 kilos. Aproximadamente dos semanas antes de irme de Ecuador, hubo un día en que estaba sentado en un banco de un parque en Vilcabamba. De repente, me di cuenta de lo delgadas que se habían vuelto mis piernas. No había visto nada más que mi cara en un espejo durante tres meses y no tenía acceso a una balanza. No fue hasta que regresé a casa cuando conocí mi nuevo peso: 79 kilos.

La vida se había convertido en notas adhesivas de los mejores momentos de mi estadía. El día cuarenta y nueve, estaba sentado en el mismo banco del parque cuando dos mochileros extranjeros pasaron caminando por la plaza central de Vilcabamba. Se fijaron en la fuente y en la iglesia católica. Sonreían ante la singularidad del pueblo al que acababan de entrar. Sus cuellos se movían en sincronía y sus ojos absorbían todo a su alrededor. Sus mochilas estaban completamente llenas. Ambos tenían los codos doblados con fuerza para que sus manos sostuvieran las correas de la mochila y ayudaran a soportar el peso. Eran una pareja joven que estaba explorando el mundo.

Mientras caminaban, ambos tenían una mirada semiperdida en sus rostros. *Una vez caminé como ellos, luciendo igualmente impresionado y perdido*, pensé. Qué bueno era de su parte estar creando sus recuerdos juntos. No hay duda de que, para alguien más, estos dos serían su Sandrina y Lex.

El día cuarenta y nueve también me mostró un lado bastante aterrador de la vida extranjera. Alice, Dan y yo cenamos juntos. Después de la cena, bajé la colina hasta mi habitación en la oscuridad. A menudo, me acostaba y editaba videos en la cama o leía un libro. Mientras estaba acostado allí, una tormenta comenzó a gestarse en mi estómago. La diarrea estaba en camino. Salté de la cama y corrí al baño. Escapó violentamente de mi cuerpo. Después, miré hacia abajo y el inodoro estaba lleno de sangre.

Mis rodillas se debilitaron. Mi visión disminuyó. Me desmayé y me desperté justo antes de caer al suelo. Esto hizo que mi rodilla golpeara el azulejo mientras mis brazos luchaban por mantener la estabilidad. Un rasgo de mi ser es sentir náuseas y desmayarme fácilmente. Ojalá no fuera así. La sangre en el inodoro me abrumaba tanto; sabía que había un gran problema dentro de mi cuerpo.

Cuando me recompuse lo suficiente como para caminar con paso firme, volví al *bungalow* de Alice para pedir consejo. Allí, me enteré que, si tienes un problema durante la noche, tienes que convivir con él hasta que el médico llegue al hospital por la mañana. Según Alice, el hospital de Vilcabamba estaba cerrado. Ella no tenía coche y ninguno de nosotros tenía teléfonos móviles que funcionaran. Decidimos que me quedaría con ellos durante la noche, por si acaso. Me ofrecieron unos cojines a modo de cama y dormí en el suelo.

Por la mañana volví a tener diarrea. Esta vez, el color era normal. De la noche a la mañana, me enfermé de letargo y dolores de cabeza. Duró dos días y luego pasó. No tengo idea de que fue y me considero afortunado.

La suerte estuvo de mi lado otra vez cuando, una mañana, me desperté y me puse los calcetines y los zapatos. Mientras bajaba las escaleras con el café en mente, noté que mi zapato derecho se sentía un poco más ajustado de lo habitual. Mi cabeza estaba aturdida y todavía estaba despertando. Esa indiferencia cansada permitió que mis dedos de los pies investigaran el bulto en mis zapatos. Mis dedos medios se deslizaron por él y lo tocaron. Lucharon con él mientras yo preparaba el café. Una vez que tuve la taza llena, me dirigí al piso de arriba. Estaba convencido de que el problema era algo más que un doblez en mi calcetín.

Entonces se me ocurrió una idea. ¡Hay una araña enorme en mi zapato! Un recuerdo de mi adolescencia, en el que había sucedido exactamente esto, me sobresaltó y me puso completamente alerta. En esa vez, ingenuamente me quité el zapato y metí la mano, sin saber que era una araña lobo gigante. La araña se sentía como un trozo de papel arrugado. Cuando abrí mi mano, la araña se extendió. ¡Casi muero en el acto! Entonces aprendí una lección tremenda. ¡Nunca metas la mano!

En esta mañana, sabía qué hacer. Tomar otras medidas. Me quité el zapato y lo golpeé en el suelo con la abertura hacia abajo. Efectivamente, un grueso escorpión salió reluciendo. Me encogí cuando los nervios se excitaron en mi piel de la cabeza a los pies. El escorpión casi se abrió paso por una grieta en la pared. Usé el mismo zapato para enviarlo de vuelta a su creador. Tuve suerte de que no me picara.

El sur de Ecuador me mostró una tierra de pocos roedores y escasos insectos. La mayoría de mis interacciones con insectos ocurrió por las noches, cuando ayudaba a Dan a cortar fruta para la cena. En la finca no se usaban pesticidas. Si un mango tuviera un par de larvas, cortaríamos alrededor de ellas y seguiríamos adelante con la vida. No hay forma de que pueda decir eso sin mencionar lo disgustado que me sentí cuando me sucedió por primera vez. A los tres meses, ya no me importaba. Un hombre tiene que comer.

Y cuando un hombre se come un gusano, suele ser por accidente. Un día, estaba comiendo casualmente un zapote, sosteniéndolo como una manzana, y ya estaba llegando a la mitad. Justo antes de darle otro bocado, lo miré y vi un pequeño gusano. Lo más probable es que me hubiera comido un par ese día. La idea todavía me persigue un poco.

Las lecciones coincidieron con las observaciones y ambas se recopilaron para crear una experiencia completa. Tres meses en una tierra extranjera pueden mostrarte muchas cosas o nada en absoluto. No vi un solo avión en el cielo mientras estaba en el sur de Ecuador. No vi un solo centavo estadounidense a pesar de que la mitad del cambio en mi bolsillo era estadounidense. Se aceptaba todo el dinero estadounidense excepto los centavos. Y no era raro encontrar una moneda ecuatoriana oxidada. Eso siempre me pareció extraño.

Las jarras de leche tampoco existían. En cambio, se vendían bolsas de leche en las tiendas y mercados. En tres meses, no hice llamadas telefónicas. Tampoco vi un calentador de agua con tanque. Ninguno tenía tanque. La mayoría eran calentadores de agua instantáneos enganchaba directamente al caño de la ducha, formando un artilugio voluminoso que colgaba en la ducha.

Algo tan benigno como el papel higiénico también podría ser raro. Durante mis viajes, no hubo ningún baño público con papel higiénico cuando lo necesitaba con urgencia. Afortunadamente, en todas menos una ocasión, llevaba servilletas conmigo. Pero en otra oportunidad, tuve que hacerlo rápidamente en una tarde en la terminal de autobuses de Vilcabamba. Me vi obligado entonces a usar mi ropa interior como papel higiénico. Una vez que salí del baño, me di cuenta de que una mujer vendía papel higiénico en la entrada. Sin darme cuenta, había pasado junto a ella minutos antes. Por diez centavos, le daría a una persona suficiente papel para limpiarse bien. Había dado por sentado que habría papel higiénico.

Durante un período en el que tenía problemas para dormir, fui a la ciudad para comprar algo como NyQuil. La farmacia de Vilcabamba ofrecía pastillas para dormir llamadas Zopiclone. Probé una y dormí bien por la noche. Luego probé dos y dormí aún mejor. Nunca había encontrado nada que me ayudara a conciliar el sueño más rápido. Pasó una semana y dormía toda la noche. Luego me despertaba con el efecto secundario del aturdimiento durante el día. Esto me estimuló a investigar lo que estaba tomando.

La zopiclona era una sustancia controlada en Estados Unidos debido a sus características adictivas. Actúa tranquilizando el sistema nervioso central. Lo que significaba que estaba alterando el ciclo del sueño. Entre los días de aturdimiento, la potencia y la clasificación estadounidense, decidí que no era para mí. Sin embargo, la experiencia de obtener medicamentos poderosos más fácilmente me abrió los ojos al mundo.

En la forma más pura de la sorpresa, se me hizo evidente que a los ecuatorianos les encanta el voleibol. Mi primera prueba de esto fue el primer día allí, cuando vi una cancha de voleibol cerca del puente peatonal de la granja. Esa cancha generalmente estaba llena los fines de semana con hombres enfrascados partidos altamente competitivos. Los veía mantener atléticamente el partido con cuerpos que no eran tan igualmente atléticos. Oía gritos y aclamaciones. Los hombres estaban tan serios que yo apostaría a que había dinero en juego. Si no fuera por su supremo dominio del juego, seguramente me hubiera encantado unirme. Mi estatura era buena, pero no necesitaban un obstáculo que estorbara sus esfuerzos. E igualmente extraño para mí, eso sucedía en los entornos más rurales.

Caminar por Vilcabamba me había mostrado numerosos patios traseros con canchas de voleibol. A menudo, cuando salía de la ciudad para regresar a la granja, caminaba hasta la parada de autobús más lejana solo para ver un partido de voleibol. Era una constante. Apreciaba su habilidad desde el otro lado de la calle. Después de todo, nunca había visto ningún partido de voleibol de verdad en persona. Eran realmente buenos, incluso si algunos de ellos lucían barrigas de cerveza.

Me enteré más tarde que el fenómeno se llama Ecuavoley. Su versión tiene algunas características únicas. Hay tres jugadores a cada lado. A menudo se usa una pelota de fútbol, una red más alta, y la pelota se puede sostener al recibirla si es por menos de un segundo. Como no soy un experto, debo dejarlo ahí.

En otra ocasión, sentado en la misma parada de autobús, vi desde lejos cómo un conductor trabajaba en su coche averiado. Durante veinte minutos, esperé el autobús y vi cómo el noventa por ciento de los vehículos que salían de Vilcabamba se detenían para ofrecer ayuda al conductor varado. No podía creer lo que veían mis ojos. Los valores estaban más vivos aquí que en cualquier otro lugar en el que hubiera estado.

Estábamos viviendo en un lugar que parecía otra época o una realidad alternativa. Tomar un avión a Ecuador nunca me permitió tener una idea de lo lejos que había viajado. En 2011, viajé en mi motocicleta desde Virginia Occidental hasta California. Podía sentir la distancia y el tamaño del país a través de todos esos kilómetros recorridos. Estando en Ecuador, nunca sentí que hubiera viajado tan lejos de casa. Volar le quitó un poco de aventura a la experiencia.

Estaba en una tierra donde la gente se veía diferente, donde hablaban un idioma diferente, donde las colinas eran más grandes y tenían formas diferentes, y las complejidades culturales eran incontables. Volar desde casa a Sudamérica, fue un cambio demasiado repentino. No se sintió para nada como conducir desde la costa este a la costa oeste y ver cómo los Apalaches se aplanaban hacia las Grandes Llanuras. No había emoción como ver las Montañas Rocosas en el horizonte o sentir el vacío del vasto desierto. Estaba ausente la emoción del ascenso y descenso de las otras cordilleras del Oeste hasta el borde del Pacífico. Volar al continente más al sur se sintió mucho más aburrido y extraño, aunque la distancia era igual, 5000 kilómetros. En Ecuador, no pude evitar la sensación de haber atravesado un agujero de gusano hacia Oz.

Otras revelaciones extrañas vinieron de la experiencia. Un tiempo de reflexión me mostró que es posible ser de dos lugares a la vez. No hay necesidad de elegir un bando a menos que quieras reprimirte. Sin duda, yo era un hombre estadounidense. Tenía rasgos de carácter positivos y defectos notables debido a esto. Estos me hicieron ser quien soy. Pero aprendí que ser cien por cien estadounidense dejaba de lado otros rasgos de carácter positivos que valía la pena adoptar. El principal es la inquebrantable hospitalidad mostrada por Lucía y su familia. Es completamente posible darlo todo durante un período prolongado de tiempo por alguien que amas o que te gusta. Los estadounidenses se han alejado de esto y se están volviendo más aislados. Espero que aquellos que se han mudado permanentemente a Ecuador hayan adoptado algunas de las cosas buenas. Alice y Dan seguramente lo habían hecho al dejarme quedarme con ellos durante tres meses.

Dependiendo de los valores de una persona, Vilcabamba tenía lo que los modestos llamarían un sinfín de cosas buenas. Lo vi por todas partes. Lo vi en las pequeñas cosas. Un día, estaba tomando un café en un restaurante cerca de la plaza del pueblo. La esquina de este edificio formaba parte de una intersección. El restaurante tenía dos puertas laterales anchas. Una puerta daba a una calle. La otra puerta daba a la calle adyacente. Estas puertas siempre estaban abiertas de par en par durante el horario comercial.

Estaba sentado adentro con mi computadora abierta cuando un perro marrón y flacucho caminó por el restaurante. Su cabeza se movía hacia adelante y hacia atrás para hacer contacto visual con los humanos en las mesas a cada lado de él. Aunque no podía verbalizar lo que quería, lo escuché alto y claro. Estaba diciendo: *¿Alguien vende sobras? Estoy comprando. ¿Y usted, señora? ¿Y tú, chico blanco? Te pagaré dejándote acariciarme y haciéndome el simpático. Solo tírame un poco al suelo.*

Caminó sin detenerse. Nadie le dio de comer. Yo solo tenía café para ofrecer. Nunca pareció desanimado. Tenía todo el encanto de un repartidor de periódicos de Nueva York de antaño. Su paso por el lugar fue como escuchar a esos jóvenes gritando los titulares a los transeúntes. Esas son las pequeñas cosas buenas. Me hizo cosquillas. Los perros no tienen esos privilegios en Estados Unidos.

Los domingos eran mis días favoritos en la ciudad. Cuando la gente salía de la iglesia, la plaza del pueblo de Vilcabamba reflejaba el idealismo de Mayberry. Los niños eran libres de ir a donde quisieran para jugar con sus amigos. Corrían por ahí sosteniendo naranjas como bocadillos en lugar de barras de chocolate. Sus padres charlaban tranquilamente y se ponían al día. Un hombre con una máquina de helado rellenaba conos por 50 centavos. Los cielos estaban a menudo azules y pacíficos y coincidían con la falta de urgencia en la vida. Yo estaba siempre ansioso por darle a ese hombre cincuenta centavos, conseguir un cono de helado y ver una escena inocente de la que yo era ajeno. Me imagino a los directores de cine tratando de capturar escenas como esta en las películas *coming-of-age con* las que crecí. Aquí esas escenas sucedían en la vida real. Lo apreciaba mucho.

Las pequeñas cosas estaban prácticamente en todas partes. Los peones de campo de Alice se habían convertido en mis amigos durante esos tres meses. Ella se reunía con ellos cada mañana para la asignación de su día. Dado el tamaño de la propiedad, siempre había algo que hacer. Los veía caminar regularmente por el B&B con sus machetes o cargar cajas para cosechar. A veces tenían palas en la mano. Los hombres afrontaban cada día con sonrisas y humildad. Eran algunas de las personas más genuinas que conocí.

En mis primeros días allí, apenas entendía su papel. Además, me ponía muy nervioso que llevaran machetes constantemente. Es probable que las películas sean responsables de esta reacción instintiva a los machetes como armas en lugar de herramientas. Me avergüenza un poco admitir que me propuse mantener la distancia en los primeros días. Una mañana, Alice se tomó el tiempo para presentarme a los chicos. A partir de ese momento, les levantaba la mano para saludar y decir: "¡Buenos días!". Siempre me respondían con un alegre "Buenos días".

Después de tres meses, mi español era lo suficientemente sólido como para tener una conversación básica. Una tarde, uno de los hombres pasó su media hora de almuerzo sentado en el B&B conmigo. Nuestra conversación nunca se detuvo. Lo conocí un poco mejor y me contó de sus intereses. En primer lugar, era padre de familia. Le gustaban los zapatos de Estados Unidos. Quería estar seguro de que me gustaba su país. Cuando yo tenía problemas con el lenguaje, decía: "Tranquilo, Mike". Significaba que no había ningún juicio. No esperaba más que un poco de tiempo para sentarse con un amigo. Mi lado americano buscaba la perfección en mis palabras. Era innecesario. Sus palabras hacia mí fue un recordatorio de las pequeñas cosas.

Tranquilo, *chévere* y *chuta* se convirtieron en palabras que adopté debido a su uso repetitivo por parte de la gente que conocí. Los días con Lucía me dieron *chévere* y *chuta*. Para el oído estadounidense, *chévere* suena exactamente como *Chevrolet*. Sin embargo, se traduce como *genial*, como en: "¡Tienes zapatos nuevos! ¡Genial!". Mientras viajaba con Lucía, hubo momentos en los que pensé: *¿Por qué sigue diciendo "Chevrolet"?*. Afortunadamente, dijo *chévere* más que *chuta*. *Chuta* se traduce como *mierda*, como en, "¡Perdimos la salida! ¡Mierda!". Ambas palabras sobrevivieron como palabras que usaría en Estados Unidos. Especialmente *chuta*.

La adopción de la frase "que tenga un buen día" me sirvió una y otra vez. Era una escapada amistosa cuando me perdía en el lenguaje. Inexplicablemente, la frase se grabó en mi cerebro rápidamente. Simplemente, nunca se borró de mi memoria. Fue la primera frase sólida que pude decir con seguridad. Su mensaje es positivo sin importar en qué punto de la conversación te encuentres. Lo usaba cuando ya no podía mantener el ritmo para iniciar el final de una conversación. Me concentraba en usarla cortésmente. La diría mientras miraba a alguien a los ojos. Me parecía la frase perfecta para desearle lo mejor a alguien, aunque ya no pudiera comunicarme más. Se quedaban con la idea de que mis intenciones eran buenas.

Recomiendo encarecidamente aprender esta frase en el idioma del país que elijas visitar. Te servirá mucho. Aprender solo a decir frases que satisfagan tus necesidades de viaje a menudo genera confusión, ya que las respuestas pueden variar según quién responda.

Usé "que tenga un buen día" muchas veces mientras interactuaba con una de las residentes de Vilcabamba. Era una mujer un par de años mayor que yo. Ella tuvo un interés que percibí como genuino desde el principio. Me buscó en Facebook y me preguntaba cuándo volvería a la ciudad. Yo respondía a través de un traductor en línea. Nos encontrábamos en la plaza del pueblo. La conversación siempre terminaba en "que tenga un buen día". Ella siempre hablaba tan rápido que me costaba seguirle el ritmo. Era como una ametralladora. Ella nunca comprendió que, si reducía la velocidad con que hablaba, podría haberle seguido el ritmo. Incluso le pregunté, en español, si podía reducir la velocidad. Después de torpes intentos de conversación, yo sonreía, le daba mi frase patentada y me iba.

Más tarde, descubrí que su interés no era genuino. Yo ya estaba de vuelta a Estados Unidos hacía un par de semanas cuando me envió un mensaje para preguntarme dónde estaba. No me había visto durante un tiempo. Le dije que estaba en Virginia Occidental. Ella se enojó y dijo: "Se suponía que me llevarías contigo". Yo no lo había entendido en absoluto. Supongo que esas eran las palabras que ella me estuvo disparando todo el tiempo. También dijo: "Quería casarme contigo para obtener una *green card*". Le dije: "Nunca me casaría sin amar". Eso es lo último que supe de ella.

Una noche, Alice me contó una gran historia que destacó la integridad de los ecuatorianos, incluso cuando no siguen el camino correcto. Me contó que poco después de mudarse a su propiedad, un hombre local y su cómplice irrumpieron en su casa, estando ella ahí. Exigieron dinero, pensando, erróneamente, que Alice era rica. Ella pensó rápidamente y dijo: "¡Dan, ve a buscar mi pistola!". Luego les dijo a los hombres: "Yo era una tiradora experta en Estados Unidos". Si bien Dan no estaba tan tranquilo, le siguió el juego. Los hombres no avanzaron debido a esta advertencia. Esto le dio a Alice tiempo para jugar con su fe profundamente arraigada. "Por esto, serán castigados en el infierno", les dijo. El más joven de los hombres se asustó y se fue. Él le creyó. Su convicción religiosa era así de fuerte. Nunca se trajo el arma, ya que Alice no tenía una. El otro hombre se fue poco después sin causar daño a ninguno de los dos. Los ecuatorianos son personas de buen corazón. Esas son las pequeñas cosas.

Con el tiempo, llegué a saber la respuesta a si la riqueza de la tierra alrededor de Vilcabamba podría proporcionar una vida más larga. La respuesta está en otra pregunta. ¿Vivir en los Andes, en Vilcabamba y sus alrededores, puede brindar una mejor calidad de vida? La sonora respuesta es sí. Yo mismo fui una rata de laboratorio buscando esa respuesta.

En la década anterior a mi llegada, luché contra el alcoholismo. Mi dieta era horrible y regularmente sufría sobrepeso para mi cuerpo delgado. El alcohol era tan disponible en Ecuador como en casa. Sin embargo, algo sucede cuando una persona se ve expuesta a una existencia pacífica y equilibrada en un lugar hermoso. Se da cuenta de que se vuelve terriblemente difícil para sus vicios sobrevivir. Nunca había sido tan fácil estar sobrio.

Los Shuar me dieron alcohol en su chicha. En Navidad, me ofrecieron una pequeña copa de vino tibio, confundiéndola con agua. El día once, bebí una cerveza para relajarme. Había sido un manojo de nervios. Luego disfruté de dos cervezas con Lex y Sandrina. La velada con César en el Carnaval fue la única vez que tomé de verdad en Ecuador. Estar así de sobrio fue un cambio que no podría haber visto venir, pero lo necesitaba desde el principio.

Ecuador fue tan bueno conmigo. Estaba triste el día que tuve que irme. Llegó la mañana con un adiós a mis amigos. Abracé a Dan y Alice, y compartí un sincero apretón de manos con los trabajadores de la finca, junto con buenos deseos. Ese día estaban haciendo trabajos de mampostería en una alcantarilla. Eran tan privilegiados por poder permanecer en un lugar que llegué a considerar como un país de las maravillas andinas. Mientras salía de la granja, sabía que echaría de menos a todo el mundo.

Tomé el bus a Vilcabamba. Allí tomé el próximo autobús a Loja. Una hora y media después de eso, estaba sentado en un avión en Catamayo. Mientras volaba a Quito desde Catamayo, la última persona en Ecuador que conocí fue un hombre llamado Luis. Hablamos en inglés mientras se sentó conmigo. Era un vendedor ambulante. Todo en él irradiaba humildad. Yo estaba perdido en el pensamiento de que la primera persona que había conocido en Ecuador había sido un hombre también llamado Luis, en el aeropuerto de Quito, tres meses antes. Hablar con el primer Luis me había aliviado en el momento. Hablar con este Luis me hizo olvidar que no tenía muchas ganas de volver a casa. Le conté mis aventuras y él me contó sus viajes. Nos hicimos amigos al instante, como tantos otros que había conocido en mi viaje. Sin duda, si una persona viaja a Ecuador sin un amigo allí, tendrá uno antes de volver.

Desde Quito volé a Houston. Dos jóvenes estadounidenses se sentaron a mi lado. Eran amigos y muy diferentes a mí. Esperaba tener una conversación, pero cuando escuché de qué hablaban se cimentó la certeza de que no tendrían interés en lo que yo tenía para decir. Todo en ellos era de una mentalidad superficial y materialista. En cinco horas de vuelo, no intercambiamos ninguna palabra.

El aeropuerto de Houston era una tierra de actitudes frías y ojos que esquivaban las miradas ajenas. Me sentí como si estuviera en una máquina. La infraestructura era perfecta. Las cosas estaban limpias. Los suelos estaban relucientes. Nada tenía un aspecto de bricolaje, como muchos de los edificios que había visto en los últimos tres meses. No noté ningún defecto en el aeropuerto de Houston. En cambio, noté algo en la gente. Me sentí rodeado por un montón de androides. Estaba de vuelta en la tierra de la escasa afabilidad.

Acababa de pasar meses en una cultura que reconocía mi existencia. Había estado rodeado de mujeres que me saludaban con un abrazo y un beso en cada mejilla. Los hombres me daban la mano, me miraban a los ojos y sonreían. Era horrible volver a ser solo un número.

Llegar al Aeropuerto de Dulles, en el norte de Virginia, me devolvió a un mundo de aún menos afabilidad. Por primera vez en meses, estaba en temperaturas bajo cero. Mis padres se alegraron de verme y se sorprendieron más al ver lo delgado que estaba. Mi mamá dijo que parecía que me estaba muriendo de hambre. En realidad, nunca había estado más saludable. Mi hermano siguió el curso y nos llevó a casa. En el camino hacia allí, sentí como si nada hubiera cambiado excepto yo mismo.

Sus preocupaciones eran de naturaleza estadounidense. Implicaban sus exigentes trabajos, sus relaciones a veces tensas con los demás y el frío del invierno. Era imposible expresar la viveza de Ecuador, los colores que había visto, las hermosas tradiciones o las perfectas temperaturas. Ninguna cantidad de entusiasmo al compartir mis historias sería suficiente para convencer a los demás de que apreciaran tanto como yo las cosas que había visto. Desde el principio quedó claro que tendría que encajonar este recuerdo.

En mi primer día de regreso, pude ver con claridad la situación cultural de mi país, y me llevé un gran disgusto. Estaba en una tienda en Virginia Occidental esperando en la fila para pagar. La joven que estaba frente a mí no estaba prestando atención al empleado. El empleado intentó llamarla varias veces. La joven estaba tan absorta en las acciones de su hijo rebelde y obeso que los que estábamos en la fila nos vimos obligados a soportar su falta de educación mientras ella peleaba con su hijo sobre qué barra de chocolate gigante podría llevar. Cuando ignoró al empleado que llamaba "Señora" por tercera o cuarta vez, di un paso adelante para pagar mis cosas. Supuse que no estaba lista para pagar.

Me llamó la atención y, sin darse cuenta de su propia falta de educación, me dijo: "Es mi turno. Algunas personas son tan maleducadas". No podría haberme sentido más triste por mi país. Nos estamos volviendo peligrosamente gordos, como la joven madre y su hijo. Somos escandalosamente egocéntricos y distraídos. Nuestras familias se están desmoronando y nos sentimos solos. Es más, aceptamos la falta de educación y la usamos para elevar el tribalismo. El materialismo tiene sus garras cosidas en nuestras almas tanto como nuestras pantallas digitales ahora poseen nuestros ojos. Esta joven madre ya se había perdido en todo eso. Su hijo no tenía ninguna alternativa.

Dejé pasar a la joven madre. Pagó sus cosas antes que yo. Pagué las mías, luego caminé hacia mi auto con la imagen en mi cabeza de una niña pequeña que había visto dos días antes. Era uno de esos días en que los hermosos rayos de sol de la tarde brillaban a través de las ventanas del autobús en el que viajaba. Unas filas frente a mí, una niña estaba de pie en su asiento, con las manos presionadas contra la ventana. Se equilibraba mientras miraba hacia afuera. Luego, me miró. Sus grandes ojos marrones, claros y limpios, eran preciosos como el oro. Fuera del autobús, los verdes brillaban intensamente a la luz del sol bajo. El autobús se detuvo. Era su parada. Su madre la recogió suavemente y se fueron.

El autobús continuó a través de las curvas sinuosas y del brillo de la luz del atardecer hacia la granja. Seguí viajando, todavía fascinado por las montañas de Vilcabamba tanto como el día que llegué. En un rincón donde el sol bajo brillaba perfectamente en la ventana, donde ella había estado, vi dos pequeñas huellas de manos que brillaban con los colores del arco iris debido al poco de aceite que habían dejado sus manos. Ella había dejado su huella. Y mientras estaba sentado en mi auto, me sentí agradecido por haber conocido un lugar donde la gente no había perdido el camino y un lugar tan hermoso que dejó su huella en mí.

Printed in the USA
CPSIA information can be obtained
at www.ICGtesting.com
LVHW042010130524
780161LV00001B/129